Intervention, Regimewechsel, erzwungene Migration

T0351632

Strategische Kultur Europas

Herausgegeben von August Pradetto

Band 5

PETER LANG

Frankfurt am Main · Berlin · Bern · Bruxelles · New York · Oxford · Wien

August Pradetto

Intervention, Regimewechsel, erzwungene Migration

Die Fälle Kosovo, Afghanistan und Irak

PETER LANG
Internationaler Verlag der Wissenschaften

Bibliografische Information der Deutschen Nationalbibliothek
Die Deutsche Nationalbibliothek verzeichnet diese Publikation
in der Deutschen Nationalbibliografie; detaillierte bibliografische
Daten sind im Internet über <http://www.d-nb.de> abrufbar.

Die Arbeit ist entstanden unter der
Mitarbeit von Ivonne Bollow.

Gedruckt auf alterungsbeständigem,
säurefreiem Papier.

ISSN 1612-975X
ISBN 978-3-631-58415-6

© Peter Lang GmbH
Internationaler Verlag der Wissenschaften
Frankfurt am Main 2008
Alle Rechte vorbehalten.

Printed in Germany 1 2 3 4 5   7

www.peterlang.de

Inhaltsverzeichnis

1 Einführung 7

2 Intervention und Migration am Beispiel des Kosovo 13

    2.1 Vorgeschichte 13

    2.2 Fluchtbewegungen infolge der Intervention der NATO 19

    2.3 Rückkehr und Wiederaufbau 24

3 Intervention und Migration am Beispiel Afghanistans 31

    3.1 Vorgeschichte 31

    3.2 Fluchtbewegungen infolge der Intervention der USA 38

    3.3 Rückkehr und Wiederaufbau 50

4 Intervention und Migration am Beispiel des Irak 55

    4.1 Vorgeschichte 55

    4.2 Flüchtlingssituation ab 2003 62

    4.3 Remigration 73

5 Schlussfolgerungen 77

Quellen und Literatur 95

1 Einführung[1]

Krieg, Flucht und Vertreibung sind keine neuen Themen. Krieg und Vertreibung sind mit der Menschheitsgeschichte verbunden. Seit sich Menschen in Gesellschaften organisierten und Herrschaftssysteme begründeten, trugen sie Machtkämpfe aus. Sie führten Kriege gegeneinander, eroberten fremde Territorien, konkurrierten um Jagd- und Weidegründe und später um Kolonialgebiete. Die Geschichte von Flucht, Vertreibung und Völkerwanderung ist eine Geschichte ethnisch, religiös, territorial, ökonomisch oder politisch motivierter Gewalt. Verfolgungen, Vertreibungen und Massenflucht folgten oft Versuchen, bestimmte systempolitische oder religiöse Vorstellungen und Weltansichten zu etablieren, die für gottgewollt, besonders fortgeschritten oder auch einfach nur den eigenen Interessen dienlich gehalten wurden.

Der Zusammenbruch der bipolaren Ordnung Ende der 1980er und Anfang der 1990er Jahre brachte wieder gewaltsame Neuordnungsversuche und massive Migrationsbewegungen mit sich. Die Zentren waren abermals Kriegsgebiete der Dritten Welt sowie mit und nach der Auflösung der multinationalen Föderationen Sowjetunion und Jugoslawien der Osten und Südosten Europas. Integrationskrisen in nach dem Ersten Weltkrieg geschaffenen multiethnischen Staatsgebilden und konkurrierende Machtansprüche nationalistischer Eliten waren dafür verantwortlich. In der Dritten Welt lagen die Ursachen teilweise in den Hinterlassenschaften des Kolonialismus, teilweise im Gegensatz zwischen Tradition und Moderne, teilweise in post-bipolaren ideologischen, politischen und wirtschaftlichen Problemen sowie wiederum und vor allem in Machtansprüchen konkurrierender Eliten. In Zentralamerika führten oligarchische Besitz- und Machtstrukturen, die von immer breiteren Kreisen nicht mehr akzeptiert wurden, zu revolutionären Veränderungsbestrebungen und Fluchtbewegungen. Der UN-Hochkommissar für Flüchtlinge (*United Nations High Commissioner für Refugees*; UNHCR) schätzte Ende 2000, dass die so genannte *population of concern,* die neben Flüchtlingen auch Binnenvertriebene, Asylsuchende, Rückkehrer und Staatenlose beinhaltet, insgesamt 21,8 Millionen Menschen umfasste. Ende 2005 waren es 21 Millionen, die dieser Gruppe zugeordnet wurden, im Jahre 2006 stieg diese Zahl um mehr als 10 Millionen auf 32,9 Millionen Menschen an.[2]

---

1 Ivonne Bollow hat einen wesentlichen Teil insbesondere des empirischen Materials ausgewertet. Für wertvolle Anregungen, Anmerkungen und Kommentare zu Dank verpflichtet bin ich außerdem Berit Bliesemann de Guevara, Ullrich Günther, Werner Hess, Thomas Hoppe, Harald Kleinschmidt und Florian Kühn.

2 Eine völkerrechtliche Definition des Flüchtlings ist in der Genfer Flüchtlingskonvention (GFK) von 1951 enthalten. Flüchtlinge sind demnach Menschen, die sich aus begründeter Furcht vor Verfolgung aufgrund von Rasse, Religion, Nationalität, der Zugehörigkeit zu einer sozialen Gruppe oder wegen politischer Überzeugungen

Teilweise waren Kriege, Flucht- und Migrationsbewegungen, die dem Kalten Krieg folgten, weniger klassischen Aufteilungsauseinandersetzungen zwischen (alten und neuen) Großmächten geschuldet. Sie resultierten vielmehr wie in Jugoslawien und der ehemaligen Sowjetunion nicht zuletzt aus Bestrebungen, neue Nationen mit eigenen staatlichen Territorien zu begründen. Insofern wies diese Entwicklung Ähnlichkeiten mit Phänomenen auf, die mit der Auflösung der multinationalen Reiche zu Beginn des 20. Jahrhunderts aufgetreten waren. Simultan war aber auch ein Phänomen zu beobachten, das immer in Zeiten nach dem Zusammenbruch alter Weltordnungen eine herausragende Rolle gespielt und zu Krieg und Vertreibung geführt hat, nämlich der Versuch, neue regionale und internationale Ordnungspläne umzusetzen. Auf dem Gebiet des ehemaligen

außerhalb jenes Landes befinden, dessen Staatsangehörigkeit sie besitzen, oder die wegen eines Krieges oder innerstaatlichen Konflikts geflohen sind. Die GFK verpflichtet die 137 Unterzeichnerstaaten nicht dazu, Flüchtlingen individuelles Asyl zu gewähren. Sie erlegt ihnen jedoch die Pflicht auf, Asylbewerber und Flüchtlinge nicht in Länder aus- oder zurückzuweisen, in denen ihr Leben oder ihre Freiheit gefährdet wären (*non-refoulement*-Gebot). Von den Vereinten Nationen wurde 1950 das Amt des Hohen Flüchtlingskommissars (UNHCR) für die Betreuung von Flüchtlingen und als „Hüter der Konvention", das bereits nach dem Ersten Weltkrieg im Rahmen des Völkerbundes geschaffen worden war, übernommen. Für Binnenvertriebene bzw. -flüchtlinge gibt es keine völkerrechtlich verbindliche Definition; die UNO definiert Binnenflüchtlinge als solche, die infolge innerstaatlicher bewaffneter Auseinandersetzungen und Bürgerkriegen, Menschenrechtsverletzungen oder natürlicher sowie anderer menschlich verursachter Katastrophen zum Verlassen ihres eigentlichen Aufenthaltsortes gezwungen werden, dabei aber keine international anerkannte Staatsgrenze überschreiten. Bislang gibt es keine humanitäre Hilfsorganisation, die ein allgemeines Mandat zum Schutz von Binnenflüchtlingen hat. In der Praxis leisten aber einige internationale Organisationen, wie z.B. der UNHCR, entsprechende Hilfe, da komplexe Notsituationen häufig zur Vermischung von Binnenflucht und grenzübergreifender Flucht führen. Die Zahl der Binnenflüchtlinge hat in den vergangenen Jahren dramatisch zugenommen, was sich vor allem durch die veränderte Art von Konflikten erklärt: Die meisten Konflikte finden innerhalb nationalstaatlicher Grenzen statt, die Vertreibung von Menschen ist mittlerweile oft eher Ziel als Nebenwirkung des Konflikts. Bereits nach dem Zweiten Weltkrieg waren innerstaatliche Kriege zum dominierenden Kriegstyp geworden (Siegelberg 1994). Als Staatenlose gelten Personen ohne Staatsangehörigkeit. Gründe für Staatenlosigkeit sind u.a. Ausbürgerung, Vertreibung oder Auflösung eines Staates.

Vor diesem Hintergrund ist der angeführte Flüchtlingsbegriff zu hinterfragen, der völkerrechtlich sinnvoll, aber politikwissenschaftlich-historisch fragwürdig erscheint, weil er auch dann, wenn dafür keine Notwendigkeit besteht, zwischen Flüchtlingen und Binnenvertriebenen unterscheidet. Wo grenzüberschreitende ebenso wie Binnenflüchtlinge gemeint sind, kann daher generell von „Zwangsmigranten" gesprochen werden. Das differenzierende Merkmal der Migration wäre damit nicht geographisch-territorial (grenzüberschreitende oder Binnenmigration), sondern ursächlich, nämlich politisch oder wirtschaftlich oder durch Katastrophen erzwungene Migration.

Jugoslawiens gingen die Auflösung des bisherigen Staates und die Neugründung von Nationen einher mit regionalen Neuordnungsversuchen, etwa den Anläufen, „großserbische" oder „großkroatische" Ansprüche durchzusetzen. Im Nahen Osten hatten der Überfall Iraks auf Kuwait und dessen Okkupation 1990 einen solchen Versuch dargestellt. Auf globaler Ebene bedeutsam waren Neuordnungsversuche, die vor allem von den USA als einzig verbliebener Weltmacht mit globaler Reichweite ausgingen. Die Versuche einer globalen Ordnungspolitik am Ende des 20. Jahrhunderts unterschieden sich unter Akteursaspekten wesentlich von vorangegangenen: Nach dem Ersten Weltkrieg waren die USA nur eine von mehreren Mächten gewesen, die bei der Etablierung einer neuen internationalen Ordnung konkurriert hatten. Nach dem Zweiten Weltkrieg waren sie eine von nun noch zwei global agierenden Mächten, die zu „Supermächten" aufstiegen und ein bipolares Weltsystem schufen, in dem jede von ihnen weite Territorien dominierte. Nach dem Ende des Kalten Krieges war keine Macht klassisch-staatlicher Art mehr vorhanden, die für die USA eine Konkurrenz darstellte.

Wenngleich unterschiedlichste militärische Aktivitäten, die die USA nach dem Ende des Kalten Krieges unternahmen, aus situativen Faktoren und sehr spezifischen Entwicklungen resultierten, lassen sie sich gleichwohl in das Konzept einer „neuen Weltordnung" einordnen, von der Präsident George Bush bereits im Zuge der Verhandlungen über die Wiedervereinigung Deutschlands im Jahre 1990 gesprochen hatte. Dies galt für die Befreiung des von irakischen Truppen eingenommen Kuwait im Jahre 1991 ebenso wie für die (gescheiterten) humanitären Maßnahmen in Somalia 1992, die Intervention in Haiti 1994 und das militärische Eingreifen in Bosnien-Herzegowina 1995. Es gilt aber besonders für drei militärische Ordnungsversuche, die nicht die Unterstützung der internationalen Gemeinschaft und die Legitimation durch den Sicherheitsrat der Vereinten Nationen hatten: Kosovo 1999, Afghanistan 2001 und Irak 2003. Um diese drei letztgenannten Fälle geht es in der nachfolgenden Untersuchung, und zwar vorrangig unter dem Aspekt des Zusammenhangs von Krieg, Flucht und Vertreibung. Sie werden deswegen herausgegriffen, weil sie genuine Neuordnungsversuche darstellen, die nicht auf die Restauration staatlicher Grenzen und auf den Status-quo-ante wie im Falle Kuwaits oder auf ein vorwiegend humanitäres Engagement wie im Falle Somalias abzielten, sondern auf eine neue regionale und internationale Ordnung.

Diese Neuordnungsversuche haben nicht nur eine traditionell-strategische, sondern auch eine politisch-systemische und eine wertsystemische Dimension. Denn so unterschiedlich die drei hier beleuchteten Fälle sind, sie haben eines gemeinsam: In allen drei Fällen waren Regimewechsel anvisiert, die „westlichen" Vorstellungen von einem gesellschaftlichen und politischen System im Zusammenhang mit Vorstellungen über eine bestimmte regionale Ordnung zum

Durchbruch verhelfen sollten. Unter anderem aus diesem Grund gab es keine Zustimmung derjenigen Mächte in der neuen post-bipolaren Konstellation, die keine Veränderung des Status quo zugunsten der USA und „des Westens" wollten, allen voran Russland und China, und damit keine Zustimmung in Form von Sicherheitsratsbeschlüssen. Bezeichnend für die neue Kräftekonstellation war, dass die USA sich hierüber auch in Regionen hinwegsetzen konnten, in denen die offene militärische Konfrontation bis dato vermieden worden war und Ordnungskonflikte über Strategien unterhalb der Kriegsschwelle oder über „Stellvertreterkriege" ausgetragen worden waren: in Südosteuropa, im Nahen Osten und in Zentralasien. Signifikant war darüber hinaus, dass es keinen einzigen dieser Neuordnungsversuche ohne die USA gegeben hätte.

Gerade für den hier zu bearbeitenden Kontext von Bedeutung ist, dass alle drei Regimewechsel in ihrer Begründung neben einer sicherheitspolitischen eine explizit humanitär-demokratische Dimension aufwiesen. Im Kosovo war sie sogar vorrangig: Die Menschenrechtsverletzungen sollten beendet, die Regierungsgewalt Belgrads eliminiert bzw. auf ein Minimum eingeschränkt und eine demokratische und multiethnische Gesellschaft aufgebaut werden. In Afghanistan sollte das (nicht nur in westlichen Augen) religiös-archaische Regime der Taliban eliminiert und ebenfalls eine demokratische Gesellschaft etabliert werden. Der Irakkrieg zielte auf den Sturz Saddam Husseins und die Errichtung eines „demokratische Leuchtturms" für den Nahen und Mittleren Osten. Jede dieser drei Neuordnungen sollte „positive Veränderungen" in der jeweiligen Region unter systemischen, sicherheitspolitischen, humanitären und kräftekonstellaren Aspekten bewirken.

In diesem Sinne handelt es sich bei den drei zu untersuchenden Fällen um militärische Interventionen, die definitorisch von Friedensmissionen wie von Kriegen abzugrenzen sind. Friedensmissionen – vor allem der Vereinten Nationen – setzen typischerweise den Konsens der Konfliktparteien voraus. Diese versprechen sich von einem externen Streitkräfteeinsatz die präventive Verhinderung einer Gewalteskalation oder – in einer Post-Konfliktsituation – die Verhinderung erneuter Gewaltausbrüche. Bei zwischenstaatlichen Kriegen geht es typischerweise um Konflikte zwischen Staaten (z.B. Grenzstreitigkeiten), die militärisch ausgetragen werden. Dem gegenüber sind militärische Interventionen ein bewusst genutztes Instrument der Außenpolitik, das sich dadurch auszeichnet, dass es sich um eine mit militärischem Zwang ausgeübte Parteinahme in einem Herrschaftskonflikt im Interventionsland handelt, die auf eine Veränderung des Herrschaftssystems zielt (vgl. Hasenclever 2000: 27 ff.).

Ein Motiv, diese drei Fälle unter humanitären Aspekten, insbesondere unter dem Aspekt erzwungener Migration, zu untersuchen, liegt in der für die Interventionen angeführten humanitär-demokratischen Begründung: In der Tat ist die liberale Vorstellung, die Etablierung und Ausbreitung demokratischen Zusammenlebens zu unterstützen, nicht zuletzt von Werten wie Menschenrechten, Rechtsstaatlichkeit und persönlicher Freiheit sowie von der Überzeugung getragen, dass demokratische Gesellschaften friedlicher seien als autokratische. Offenbar bleiben aber Krieg und Vertreibung, was sie schon im 20. Jahrhundert gewesen sind, nämlich ein signifikantes Merkmal der Beschaffenheit internationaler Beziehungen. Zu dieser Kontinuität haben nicht zuletzt humanitär-demokratisch motivierte und militärisch induzierte Neuordnungsversuche westlicher Länder beigetragen, wie die humanitären, sozialen und politischen Auswirkungen und Folgen der Interventionen in den hier beleuchteten Fällen zeigen.

Nachfolgend sollen also an den Beispielen Kosovo, Afghanistan und Irak, wo aus divergierenden Gründen, aber gleichgerichtet mit dem Ziel eines Regimewechsels militärisch eingegriffen wurde, die humanitären Auswirkungen insbesondere unter dem Aspekt von erzwungener Migration untersucht werden. Das Ergebnis kann hier vorweggenommen werden: Diese Interventionen hatten entgegen ihren Absichten und Begründungen mit Blick auf ihre humanitären Folgen kaum weniger negative Implikationen als andere, ohne humanitären Anspruch geführte Kriege auch. Die Ursachen lagen weniger darin, dass die genannte Absicht im politischen und militärischen Kalkül nur eine untergeordnete Rolle spielte. Das zentrale Problem waren die Fehleinschätzungen und Illusionen eines „militanten Humanismus" oder eines neo-konservativen Demokratismus, mit militärischen Mitteln (flankiert von zivilen Maßnahmen) erfolgreich Demokratie exportieren und etablieren zu können.

Die Vorgehensweise in der nachfolgenden Studie ist folgende: Die drei Fälle werden chronologisch als Einzelfälle analysiert. Jede Einzelfalluntersuchung teilt sich mit komparativer Absicht in drei Abschnitte. Zuerst wird jeweils die Vorgeschichte bis zum Regimewechsel unter humanitären, insbesondere Migrationsaspekten beschrieben. Dies ist sowohl unter dem Gesichtspunkt des Verständnisses und der Einordnung nachfolgenden Migrationsverhaltens als auch unter dem des Vergleichs der Auswirkungen der Herrschaftsverhältnisse vor und nach dem Regimewechsel nahe liegend. In einem zweiten Schritt werden die Auswirkungen der jeweiligen Intervention unter humanitären, insbesondere Migrationsaspekten beleuchtet. Der dritte Abschnitt beschäftigt sich jeweils mit den humanitären Entwicklungen, Migrations- und Remigrationsbewegungen sowie Rückführungsmaßnahmen nach dem Regimewechsel. Im Schlussteil wird versucht, einige fallspezifische und einige fallübergreifende Folgerungen zu ziehen

2 Intervention und Migration am Beispiel des Kosovo

2.1 Vorgeschichte

Kaum wurde mit dem Vertrag von Dayton Ende 1995 der Krieg in Bosnien und Herzegowina beendet, bahnte sich in der serbischen Provinz Kosovo eine neue interethnische Auseinandersetzung an. Nachdem aufgrund der NATO-Intervention die muslimischen bosnischen Eliten bei der Etablierung bzw. der Verteidigung des Staates Bosnien-Herzegowina gegen serbische und partiell bzw. zeitweise auch kroatische Bestrebungen erfolgreich gewesen waren, weckte dieses Beispiel analoge Wunschvorstellungen bei den ebenfalls muslimischen Albanern im Kosovo. Die Eskalation hatte allerdings schon früher begonnen. Die in der jugoslawischen Verfassung von 1974 zugestandene Autonomie hatte den Albanern des Kosovo, die zu diesem Zeitpunkt mit etwa 74 Prozent die größte ethnische Gruppe im Kosovo waren,[3] weitgehende politische, kulturelle und gesellschaftliche Selbständigkeit verschafft, so dass sich dort lebende Serben bereits ab 1980 gegen eine von ihnen empfundene „zunehmende Subordination" aufzulehnen begannen, während Albaner die ihrer Ansicht nach staatlich-administrative Dominanz und Repression durch Belgrad anprangerten.[4] Die Zusammenstöße zwischen Serben und Albanern nahmen in den folgenden Jahren sukzessive zu.

Die Eskalation der Gewalt führte – nach lokalen Revolten, Kampagnen gegen „ethnische Vergewaltigungen" serbischer Frauen, terroristischen Attentaten von Extremisten beider Seiten und blutiger Repression durch Sicherheitskräfte –

---

3   Nach Volkszählungen des Statistischen Büros des Kosovo (SOK) lebten im Jahr 1971 1,2 Millionen Menschen im Kosovo, von denen, neben der Mehrheitsbevölkerung der Albaner, 18 Prozent Serben waren und 8 Prozent anderen ethnischen Gruppen angehörten (u.a. Türken, Bosniaken, Roma, Ashkali, Goranen). Die Bevölkerung des Kosovo wuchs zunehmend und mit ihr der Anteil der Albaner, während im Gegenzug die Anteile anderer ethnischer Gruppen abnahmen: So wurde die kosovarische Bevölkerung im Jahr 1991 mit knapp 2 Millionen beziffert, von denen 82 Prozent Albaner waren. Dem letzten Zensus des SOK im Jahr 2006 zufolge lebten zu diesem Zeitpunkt 2,1 Millionen Menschen im Kosovo, von denen 92 Prozent Albaner waren. Die Anteile der Serben und anderer Minderheiten waren mit 5,3 bzw. 2,7 Prozent weiter gesunken (vgl. SOK 2003: 2; SOK 2007: 10).

4   Historisch reicht die Auseinandersetzung viel weiter zurück. Während der Kosovo von den Serben immer als „urserbisches Land" betrachtet worden ist, sind diese von der dort lebenden albanischen Mehrheitsbevölkerung spätestens seit den Balkan-Kriegen 1912/1913 als Repräsentanten der Macht eines Staates wahrgenommen worden, die ihnen als Fremdherrschaft erschien; vgl. zu den historischen Bedingungen des Konflikts im Kosovo: Clark 2000; Elsie 1997; HRW 2001: 17-27; ICG 1998a: 2-6; Kreidl 2006; Maliqi 1999; Meyer-Schlotter 2000: 3-10; Pradetto 1998; Reuter 1999; Schmidl 2000; Sundhaussen 2000.

1989 zur Ausrufung des Notstands und zur Aufhebung der Autonomie des Kosovo durch die Belgrader Regierung. Zu diesem Zeitpunkt hatten sich im Zuge der beginnenden Auflösung Jugoslawiens die ethnischen Auseinandersetzungen insgesamt zuzuspitzen begonnen. Einerseits begannen diverse Volksgruppen Unabhängigkeit bzw. Autonomie zu verlangen und andererseits suchten auf Gesamtstaatlichkeit orientierte bzw. ihre Machtpositionen verteidigende Eliten diese Bewegungen einzudämmen. Maßnahmen, die Belgrad dann gegen stärker werdende Unabhängigkeitsbestrebungen der Mehrheitsbevölkerung im Kosovo vornahm, wurden von dieser nur als Steigerung serbischer Diskriminierungspolitik empfunden.

Diese Diskriminierungen vollzogen sich in erster Linie im öffentlich-politischen Bereich: Die Zentralregierung löste die Autonomieregierung in Prishtina, der Hauptstadt des Kosovo, auf, entließ Kosovo-Albaner aus staatlichen Betrieben und Behörden und schloss albanische Kinder aus öffentlichen Schulen aus. Vor diesem Hintergrund begannen die albanischen Eliten im Kosovo politische und soziale „Parallelsysteme" aufzubauen.[5] Die Forderungen nach Unabhängigkeit der Provinz wurden derweil lauter. Die Gründung der „Demokratischen Liga Kosovos" (LDK) im Jahre 1989 unter dem albanischen Schriftsteller und späteren Präsidenten des Kosovo, Ibrahim Rugova, hatte dieser Entwicklung auch ein politisch-organisatorisches Fundament gegeben. Nachdem kosovoalbanische Parlamentsmitglieder bereits am 2. Juli 1990 die „Unabhängigkeit des Kosovo" ausgerufen hatten, etablierte sich 1991 in Bonn eine „Kosovarische Exilregierung", angeführt von Bujar Bukoshi. Die Lage eskalierte schließlich in der zweiten Hälfte der 1990er Jahre mit dem militanten Auftreten einer „Kosovarischen Befreiungsarmee" (UÇK: Ushtria Çlirimtare e Kosovës)[6], die den „friedlichen Weg" bzw. passiven Widerstand der LDK für „appeasement" gegenüber den Serben hielt und das Ziel eines unabhängigen Kosovo mit Guerilla-Methoden verfolgte.

Zugleich wurde die wirtschaftliche Lage in der Provinz noch schwieriger. Der Kosovo hatte schon immer zu den ärmsten Regionen in Südosteuropa gehört. Trotz Mitteln aus dem gesamtjugoslawischen Struktur- und Ausgleichsfonds hatte sich der Entwicklungsabstand zwischen der reichsten Republik Jugosla-

---

5   Die Einrichtung eigener staatlicher und sozialer Strukturen wurde maßgeblich von der kosovo-albanischen Diaspora unterstützt; vgl. zur Entwicklung und Gestalt des „Parallelstaates": HRW 2001: 27-31; ICG 1998a: 13-20; Rüb 1999: 38-67.

6   Die UÇK verübte ab April 1996 terroristische Anschläge gegen staatliche Einrichtungen und Serben. Bis zum Kosovo-Krieg 1999 wuchs die UÇK auf 20.000 Mitglieder an, 8.000 bis 12.000 davon bildeten eine militante Kerngruppe (vgl. Heinemann-Grüder/Paes 2001: 14). Zur UÇK siehe die Darstellungen von Chiclet 1999; Feichtinger 2000; Frank 2006; Heinemann-Grüder/Paes 2001; ICG 1998a: 29-33; Karádi 1999; Lange 1999; Reuter 2000; Rüb 1999: 67-86.

wiens, Slowenien, und dem Kosovo von 1947 bis 1980 nahezu verdoppelt. Die wirtschaftliche Unterentwicklung ging zudem mit einer traditionell hohen Arbeitslosenquote einher. Bereits 1980 hatte nur jeder zehnte Kosovare im arbeitsfähigen Alter eine offizielle Beschäftigung. Seither hat die kosovarische Bevölkerung stark zugenommen, die Anzahl an Arbeitsplätzen sowie die Verfügbarkeit von Land dagegen sind stagniert.[7]

Den sowohl politisch als auch wirtschaftlich schwierigen Bedingungen versuchten viele Kosovaren durch Migration zu entkommen: Zwischen 1989 und 1998 verließen etwa 350.000 Kosovo-Albaner die Provinz, v.a. Richtung Westeuropa. Es gibt keine Zahlen und empirisch abgesicherten Aussagen darüber, inwieweit die Migration politisch, inwieweit ökonomisch motiviert war.[8] Dennoch lässt sich sagen, dass schon vorher über Jahrzehnte hinweg ländliche Haushalte im Kosovo überlebt und gelegentlich prosperiert hatten, weil die Männer zum Arbeiten, v.a. als Bau- oder Landarbeiter, ins Ausland gegangen waren, so dass die wirtschaftlich motivierte Migration als ein bestimmendes Merkmal der kosovarischen Gesellschaft bezeichnet werden kann. Deutschland und die Schweiz waren ab Ende der 1980er Jahre die bevorzugten Migrationsziele. Mitte der 1990er Jahre gab es Schätzungen, wonach gut eine halbe Million Kosovo-Albaner – rund 25 Prozent der Gesamtbevölkerung – im Ausland lebten (vgl. ESI 2006: 3 f.). 1992 hatte die „Kosovarische Exilregierung" in Bonn eine Studie veröffentlicht, die die Gesamtzahl aller Kosovo-Albaner im Ausland bei 217.000 ansetzte.[9] Im Jahr 1996 wurden 340.000 Kosovo-Albaner als Asylsuchende in den Ländern des Europarates registriert (vgl. Hänsel/Stobbe 2002: 21). Diese Zahl konnte kaum mehr nur auf Arbeitsmigration zurückgeführt werden. Immer mehr Kosovo-Albaner waren auch als politische Flüchtlinge in andere europäische Länder gekommen.

Im Februar 1998 begannen die serbische Armee und die Polizei, ihre Operationen im Kosovo zu intensivieren. Diese Steigerung der Gewalt wiederum geschah infolge zunehmender Aktivitäten der bewaffneten Untergrundbewegung UÇK. Anfang 1998 hatte die UÇK zum „Krieg gegen die serbische

---

7   Vgl. ESI 2006: 1; Kramer/Džihić 2005: 18; Mildner 2006: 1 f.; Schrenk et al. 1979: 284 f..

8   In der Provinz selber wurden keine Zählungen der Aus- und Einwanderer vorgenommen; in Jugoslawien wurden nur Gesamtzahlen von Migrationsbewegungen aufgelistet, jedoch keine Unterscheidung in ethnische Gruppen vorgenommen. Die Aufnahmeländer haben eine solche Unterscheidung ebenfalls nicht getroffen (vgl. Lienau 1995: 52-61).

9   Vgl. Blanku 1995: 10, zit. in ESI 2006: 4. Im Gegensatz zu jugoslawischen Volkszählungen enthielten diese Zahlen illegale und nicht gemeldete Arbeiter sowie Kosovo-Albaner der zweiten Generation.

Herrschaft" aufgerufen.[10] Die serbisch-albanischen Auseinandersetzungen erreichten im März 1998 mit dem (in albanischer Terminologie) „Massaker von Drenica" einen neuen Höhepunkt (vgl. HRW 1999a; Troebst 1998: 11 f.).[11] Ab Mitte Juli verschärften sich die Kämpfe in den Regionen Mitrovica und Prizren und serbische Truppen starteten eine Großoffensive im Zentralkosovo (vgl. GFBV 1998). Zwischen März 1998 und März 1999 verließen aufgrund der Eskalation rund 170.000 Kosovo-Albaner ihre Heimat. Zugleich vergrößerte sich die Zahl der Binnenvertriebenen. Kurz vor dem NATO-Angriff, zwischen Oktober 1998 und März 1999, gab es schließlich 260.000 Binnenvertriebene im Kosovo, über 70.000 Flüchtlinge oder Vertriebene in der Region und über 100.000 Flüchtlinge außerhalb der Region, die zunehmend in west- und nordeuropäischen Ländern Asyl suchten (UNHCR 2000: 234).

Vor diesem Hintergrund begründeten auch die NATO-Staaten ihre Intervention am 24. März 1999: Es würden in unzumutbarem Maße Menschenrechte verletzt und die Situation sei eine Gefahr für den Frieden und die Stabilität in der Region und für ganz Europa. Die NATO war allerdings schon vor der Intervention im Kosovo engagiert gewesen: Vor dem Hintergrund der Weigerung Belgrads, Hilfsorganisationen Zugang zum Kosovo zu gewähren, hatte der UN-Sicherheitsrat am 23. September 1998 die Resolution 1199 beschlossen, die Serben und Albaner zu einem Waffenstillstand und zu einer friedlichen Lösung des Konflikts sowie Belgrad zum Rückzug des Militärs aus dem Kosovo aufforderte (vgl. UN 1998a). Schon einen Tag später setzte die NATO ihre Streitkräfte in Alarmbereitschaft. Aufgrund dieses militärischen Drucks handelte der US-Diplomat Richard Holbrooke mit Belgrad am 13. Oktober 1998 die Stationierung einer zivilen OSZE-Beobachtermission sowie das Versprechen aus, dass die serbische Armee und Polizei aus dem Kosovo abgezogen würden. Belgrad räumte der NATO zudem Überflugrechte zur Kontrolle des Abzugs ein (vgl. Crawford 2001: 511; Weller 1999a: 278-280). Die NATO verstärkte unterdessen ihre militärische Drohung – allerdings ohne Mandatierung durch den UN-Sicherheitsrat - und beschloss Bombardements von Zielen in Jugoslawien, sofern Belgrad die Absprachen nicht einhalte (vgl. Giersch 2000: 449 ff.). Am 16. Oktober vereinbarten Belgrad und die OSZE auf Basis des Holbrooke-Abkommens die Institutionalisierung der *Kosovo Verification Mission* (KVM), die in der Resolution 1203 vom 24. Oktober 1998 durch den

10   Zu diesen Entwicklungen vgl. Clark 2000; HRW 2001: 31-38; Hockenos 2003; ICG 1998b; Karádi 1999; Rüb 1999: 86-105.

11   Am 28. Februar 1998 begannen serbische Kräfte Operationen in der zentralkosovarischen Region Drenica, die als Basis und Rückzugsgebiet der UÇK galt. Nach albanischen Darstellungen erschossen im Dorf Likošane Sondereinheiten der serbischen Polizei elf Männer. Im Nachbarort Ćirez soll die Polizei am 1. März weitere 13 Personen getötet haben. Insgesamt sollen bei den Drenica-Operationen bis zu 100 Kosovo-Albaner getötet worden sein (vgl. Hänsel/Stobbe 2002: 33).

UN-Sicherheitsrat gebilligt wurde (vgl. Greco 1998; Maissonneuve 2000; Weller 1999a: 281; UN 1998b).

Sowohl vor als auch während der Intervention gab es maßlose, von der UÇK propagandistisch erfolgreich lancierte und von westlichen Politikern medial verbreitete Übertreibungen und Horrorzahlen über albanische Opfer des Milošević-Regimes, die angeblich auf einen Völkermord schließen ließen und der Rechtfertigung der Intervention dienten. Das US State Department sprach am 19. April 1999 von bis zu 100.000 vermissten Kosovo-Albanern und schloss nicht aus, dass diese „möglicherweise ermordet worden" seien (vgl. Erlanger/Wren 1999; Halimi/Vidal 2000).[12]

Erklärtes Ziel der NATO war die Abwendung einer Eskalation hin zu einer humanitären Katastrophe, wie sie wenige Jahre zuvor in Bosnien-Herzegowina stattgefunden hatte. Vorhergehende Vermittlungsversuche wie Drohungen wären gescheitert, wurde argumentiert.[13] Ein weiteres Ziel war die Rückführung der kosovo-albanischen Flüchtlinge (vgl. Hippler 2001: 211).[14]

In den unter massivem militärischen und diplomatischen Druck von NATO-Seite zustande gekommenen Rambouillet-Verhandlungen im Februar und im März 1999 zwischen der Balkankontaktgruppe (Großbritannien, Frankreich, Deutschland, Italien, Russland, USA), kosovo-albanischen Vertretern und Belgrad waren der serbischen Führung von NATO-

Seite mehrere Ultimaten gestellt worden. Sie waren für die serbische Seite mit Bedingungen verknüpft, die von dieser nicht akzeptiert und auch von einer ganzen Reihe westlicher Beobachter als „unzumutbar" bewertet wurden.[15] Wie

---

12   Am 16. Mai 1999 sagte der damalige US-Verteidigungsminister William Cohen im Nachrichtenprogramm *Face the Nation* des Senders CBN: „We've now seen about 100.000 military-aged men missing (...) They may have been murdered" (vgl. Doggett 1999). Die „einseitige Verwendung" von Schlüsselbegriffen wie „Genozid" durch hochrangige westliche Politiker und die „gedankenlose Übernahme" dieser Terminologie und zahlenmäßiger Übertreibungen durch die Medien wurde später vielfach kritisiert (vgl. Halimi/Vidal 2000).

13   Autoren wie Barutciski (1999), Chomsky (2000), Cohen/Korn (1999), Graf (2000), Roberts (1999) und Troebst (1999) waren allerdings der Ansicht, diplomatische Instrumente wären nicht ausreichend zum Einsatz gekommen. Tatsächlich war das KVM-Abkommen nicht einmal halbherzig umgesetzt worden. Ein großer Teil der Kritik bezieht sich grundsätzlich auf die von der NATO aufgebaute Gewaltkulisse, die zivilen Verhandlungen kaum Spielraum gelassen habe; siehe die Darstellung der Vermittlungsbemühungen bei Troebst (1998).

14   Weitere, in den drei Grundzielen enthaltene Ziele waren der Abzug jugoslawischen Militärs und der Polizei, regionaler Friede und Stabilität, Geltung der Menschenrechte und ein multiethnisches Kosovo.

15   Die Kritik betraf v.a. den sog. „Annex B". Vgl. zu Rambouillet: Dauphinee (2003), Graf (2000), Hagen (1999), Mappes-Niedeck (1999), Petritsch et al. (1999: 278-351),

sich nachträglich herausstellte, wichen die kosovo-albanischen wie auch offizielle westliche Darstellungen der Situation im Kosovo zu diesem Zeitpunkt von der Realität erheblich ab. Die Zahl der vor der NATO-Intervention von den Serben getöteten Kosovo-Albaner wurde aufgrund von Untersuchungsergebnissen des Kriegstribunals in Den Haag massiv nach unten korrigiert (vgl. ICTY 2000). Nach der Intervention erhärteten sich die Beweise dafür, dass Informationen, die die NATO-Intervention begründen oder rechtfertigen sollten, übertrieben, teilweise verfälscht worden waren (vgl. u.a. Barutciski 1999; Cohen/ Korn 1999; Hippler 2001; Lutz 2001; Mutz 2000; Roberts 1999).[16]

Schwarz (1999a), Zumach (1999), sowie die Darstellung des Rechtsberaters der kosovo-albanischen Delegation Marc Weller (1999b).

16   So zitierte etwa Dieter S. Lutz aus in der FAZ veröffentlichten internen Lageanalysen des Auswärtigen Amtes vom 19. März 1999, die besagten, dass der Waffenstillstand nicht allein von den Serben, sondern „von beiden Seiten nicht mehr eingehalten" worden sei. Ziele der jugoslawischen Streitkräfte wären nicht Völkermord und Vertreibung, sondern „durch gezielte Geländebereinigung sämtliche Rückzugsmöglichkeiten für die UÇK zu beseitigen". Die Zivilbevölkerung würde in der Regel sogar „vor einem drohenden Angriff durch die VJ gewarnt". Allerdings würde „die Evakuierung der Zivilbevölkerung vereinzelt durch lokale UÇK-Kommandeure unterbunden". Darüber hinaus hieß es in den betreffenden Dokumenten, alle im Kosovo lebenden Bevölkerungsgruppen wären gleichermaßen von Flucht, Vertreibung und Zerstörung betroffen. In einem weiteren Papier von Nachrichtenoffizieren des Verteidigungsministeriums vom 23. März 1999 hieß es, dass „ein Anlaufen einer koordinierten Großoffensive der serbisch-jugoslawischen Kräfte gegen die UÇK im Kosovo nicht bestätigt werden kann". Zu einer groß angelegten Operation gegen die UÇK seien die serbisch-jugoslawischen Kräfte nicht fähig. „Die UÇK ihrerseits wird wahrscheinlich weiter versuchen, durch die bekannten Hit-And-Run-Aktionen die serbisch-jugoslawischen Kräfte zu massiven Reaktionen zu provozieren in der Hoffnung, dass diese in ihren Ergebnissen hinsichtlich Zerstörungen und Flüchtlingen ein Ausmaß annehmen, das sofortige Luftschläge der NATO heraufbeschwört" (zit. bei Lutz 2000). V.a. der damalige stellvertretende Fraktionsvorsitzende für Außenpolitik, Sicherheitspolitik, Menschenrechte und Entwicklungspolitik der SPD, Gernot Erler, widersprach diesen Darstellungen. Allerdings wurden in keiner Kritik die zitierten Lageanalysen als „unwahr" bezeichnet.

2.2 Fluchtbewegungen infolge der Intervention der NATO

Am 24. März 1999 begannen die Luftangriffe der NATO auf Jugoslawien. Vor der NATO-Offensive hatte es, wie schon erwähnt, infolge der Auseinandersetzungen in der Provinz zwischen jugoslawisch-serbischen Sicherheitskräften und vor allem der UÇK schätzungsweise 260.000 Binnenflüchtlinge im Kosovo, über 70.000 Flüchtlinge in der gesamten Region und über 100.000 Asylbewerber außerhalb des Landes gegeben. Doch nach den ersten NATO-Angriffen schoss die Zahl der Flüchtlinge explosionsartig in die Höhe: Allein im ersten Monat nach der Intervention verließen 600.000 Menschen den Kosovo über die albanische und mazedonische Grenze. Der UNHCR unterstrich diesen Sachverhalt: „Da die Luftangriffe mit der offiziell bekundeten Absicht erfolgten, die laufende und mögliche weitere Ermordung und Vertreibung von Kosovo-Albanern zu verhindern, sprach man von einem ‚humanitären Krieg' der NATO. Dieser Euphemismus konnte jedoch nicht verschleiern, dass die Luftangriffe zumindest kurzfristig eine noch größere humanitäre Katastrophe auslösten" (UNHCR 2000: 234).

Die NATO-Luftangriffe führten zu einer Gewalteskalation am Boden: Nach dem Abzug ziviler Hilfsorganisationen sowie der OSZE-Verifikationsmission wurden die Kämpfe zwischen der UÇK und den jugoslawischen Truppen nun mit aller möglichen Konsequenz und Härte geführt.[17] Es blieb nicht bei Kämpfen zwischen den beiden militärischen bzw. paramilitärischen Lagern: Nun begannen auch gezielte Kampagnen serbischer Kräfte gegen die kosovarische Zivilbevölkerung.[18] Alle Gebiete im Kosovo waren von Massenvertreibungen, Hinrichtungen und Zerstörungen betroffen, solche mit Verbindungen zur UÇK jedoch am härtesten. Bis zum Ende der NATO-Operation im Juni stieg die Zahl der Flüchtlinge, die die Provinz verließen, auf über 860.000 an. Eine halbe Million Kosovo-Albaner wurden zu Binnenvertriebenen (vgl. Balanzino 1999: 9; HRW 2001: 109). Die OSZE schätzte, dass über 90 Prozent der kosovo-albanischen Bevölkerung – mehr als 1,45 Millionen Menschen – bis zum Ende der NATO-Kampagne vertrieben wurden (vgl. OSZE/ODIHR 1999: 13). Etwa 440.000 Kosovo-Albaner wurden in Albanien aufgenommen, 320.000 Menschen fanden in Mazedonien Schutz, ein Teil von ihnen wurde in Drittländer außerhalb der Region transferiert, Montenegro nahm weitere 70.000

---

17 "[...] While March 24 saw a marked intensification of the campaign, the start of the operation actually came four days earlier, on March 20, when the monitors of the OSCE Kosovo Verification Mission (KVM) withdrew en masse from Kosovo [...] The departure of the KVM [...] deprived Kosovo not only of some of its most important witnesses, but also ended any deterrence that the presence of the OSCE verifiers might have provided" (HRW 2001: 109 f.).

18 „The operations that began in late March 1999 went far beyond counterinsurgency" (HRW 2001: 110).

Kosovo-Albaner auf, Bosnien-Herzegowina 30.000.[19] Tausende Menschen wurden ermordet. Die Zahlen sind höchst umstritten, aber schätzungsweise wurden 10.000 bis 12.000 Kosovo-Albaner sowie 3.000 bis 5.000 Serben – sowohl Angehörige der Militärs als auch Zivilisten – getötet, in erster Linie aufgrund der Zusammenstöße zwischen der UÇK und milizartig organisierten albanischen Kräften einerseits und dem jugoslawischen Militär, der serbischen Polizei und Paramilitärs andererseits, etwa 500 durch NATO-Luftangriffe.[20] Zum Vergleich: Seit dem Ausbruch bewaffneter Kämpfe im Jahr 1998 bis zum Beginn der NATO-Offensive im März 1999 waren knapp 1.500 Tote unter den Kosovo-Albanern sowie 140 Tote unter den Angehörigen der serbischen Polizei und Armee zu beklagen gewesen (vgl. HRW 2001: 125; Kramer 2005: 18 f.; Marsden/Grey 1999). Etwa 5.500 Menschen wurden des Weiteren nach dem Ende der NATO-Kampagne vermisst. Davon waren bis zur letzten Zählung 2004 dem Internationalen Roten Kreuz zufolge noch immer etwa 3.400 Fälle offen; die Mehrheit von ihnen seien Männer, vorrangig Kosovo-Albaner, wobei auch von Vermissten auf serbischer Seite (etwa 400) sowie unter den Roma (etwa 100 Vermisste) ausgegangen wurde (vgl. BBC am 07.06.2000; Kramer/Džihić 2005: 20).

Allerdings sind weder von Seiten der Belgrader Führung noch von Seiten der Kosovo-Albaner oder der NATO exakte Zahlen über Todesopfer und Vermisste veröffentlicht worden: Die Serben müssten sich mit einem weiteren ebenso

---

19 Dass es sich hierbei um eine gezielte ethnische Vertreibung der albanischen Bevölkerung handelte, machte *Human Rights Watch* an vier Faktoren fest: der gleiche Zeitpunkt der Ankünfte von Flüchtlingen aus einer Region, zweitens der oftmals organisierte Transport (Zug, Bus, Lastwagen). Eine dritte Maßnahme war die direkte Androhung von Gewalt, um die Bevölkerung zum Verlassen ihrer Heimat zu zwingen. Viertens war die Praxis der „Identitätssäuberung" auffällig: Eine große Zahl von Flüchtlingen wurde gezwungen, Personalausweise und Reisepässe abzugeben und ohne diese die Grenze zu überqueren (vgl. HRW 2001: 135).

20 In der Studie „Political Killings in Kosovo/Kosova", die die *American Bar Association Central and East European Law Initiative* (ABA-CEELI) im Oktober 2000 herausgab, wurde die Zahl der getöteten Kosovo-Albaner für den Zeitraum vom 20. März bis zum 12. Juni 1999 auf 10.500 (ABA-CEELI/AAAS 1999) geschätzt. Diese Angaben stimmten mit Erhebungen des *U.S. Center for Disease Control* (CDC) sowie von *Physicians for Human Rights* (PHR) überein, die Schätzungen von 12.000 (Spiegel/Salama 2000) bzw. 9.269 (PHR 1999: 45) vorlegten. Bereits 1999 hatten Fernando del Mundo und Ray Wilkonson die Zahl der Opfer unter den Kosovo-Albanern in den ersten Wochen nach der Intervention auf 11.000 geschätzt (del Mundo/Wilkinson 1999: 6). Während die NATO kurz nach dem Einmarsch der KFOR noch von 22.000 albanischen Opfern ausgegangen war, korrigierte sie diese Zahl bald ebenfalls auf 11.000. Darunter seien nach Einschätzung des spanischen Pathologen Emilio Perez Pujol, der im Auftrag des Haager Gerichtshofs Massengräber untersuchte, 2.500 Zivilisten gewesen (Hippler 1999). Untersucher der Kriegsverbrechen schätzten die Zahl auf mindestens 10.000 (Kifner 1999). Die Zahl ziviler Opfer auf jugoslawisch-serbischer Seite habe zwischen 489 und 528 gelegen (HRW 2000).

brutalen wie unabgeschlossenen Kapitel der nationalistischen Politik ihrer Führung und der Umsetzung durch deren Hilfskräfte auseinandersetzen. Für die Kosovo-Albaner würde deutlich, welche Opfer der „Freiheitskampf" der UÇK gekostet hat. Die NATO müsste eingestehen, dass die Zielsetzung der Intervention, „weitere schwere und systematische Verletzungen der Menschenrechte unterbinden und eine humanitäre Katastrophe im Kosovo verhindern" (Schröder 1999), nicht eingelöst werden konnte und die „humanitäre Intervention" inhumanere Auswirkungen zeitigte als die Belgrader Politik in der gesamten Zeit der (aus Sicht der Kosovo-Albaner) kommunistisch-serbischen Herrschaft über den Kosovo. Sowohl das politische als auch das militärische Konzept der Intervention würde damit in Frage gestellt. Nachdem die serbische Führung entgegen den Erwartungen nach Beginn der Bombardements nicht nachgegeben hatte, hatte sich die NATO darauf verlegt, die zivile Infrastruktur des Landes systematisch zu zerstören, und so den Hass der sich mit ihrer Regierung solidarisierenden serbischen Bevölkerung auf sich gezogen. Den Gewalttaten und Vertreibungen am Boden war aus der Luft nicht zu begegnen. Das Morden, Vertreiben und Vergewaltigen wurde so lange in Kauf genommen, wie Belgrad nicht bereit war einzulenken. Dies war zweieinhalb Monate lang der Fall. So wurden viele Albaner zu schutzlosen Opfern einer ungehemmten Vergeltungswut der serbischen Militärs und Paramilitärs. Auch viele kosovarische Flüchtlinge sahen die Angriffe der Serben als eine direkte Konsequenz der NATO-Maßnahmen.[21]

Partiell wird argumentiert, das negative Ergebnis resultiere aus Fehlentscheidungen hinsichtlich des militärischen Vorgehens der NATO: „Um die militärischen Fähigkeiten Jugoslawiens nachhaltig einzuschränken, mochte es zweckmäßig erscheinen, mit der geballten Macht der NATO-Luftwaffe viele Ziele so schnell wie möglich zu bombardieren. Doch um den aktuellen Gewalttaten der Armee und der Sonderpolizei im Kosovo Einhalt zu gebieten, wäre es effektiver gewesen, auch auf dem Boden zu operieren" (Meyer/Schlotter 2000: 38). Der Einsatz von Bodentruppen sei jedoch schon von Anfang an kategorisch ausgeschlossen worden, sei es aus Gründen perzipierter militärischer Machbarkeit, sei es aus Furcht, die Unterstützung der Bevölkerung in westeuropäischen Ländern zu verlieren, sei es aus Legitimationsmangel mit Blick auf den UN-Sicherheitsrat sowie aus möglichen Implikationen, die eine Bodenoffensive für

---

21   „The Serbs can't fight NATO, so they fight against us" (vgl. Williams 1999, zit. in: Roberts 1999). „Die Albaner wurden zu schutzlosen Opfern einer ungehemmten Vergeltungswut ihrer Peiniger. Ob befohlen oder geduldet, jedenfalls unbeobachtet von lästigen Zeugen, konnte sich kollektiver Hass austoben an einer wehrlosen Bevölkerung, die ihrerseits haftbar gemacht wurde, für den Krieg aus der Luft, dem man selbst wehrlos ausgesetzt war. Waren sie es doch, die Albaner, so die serbische Sicht, die das NATO-Bombardement herbeigerufen hatten, ihre Bestrafung sei verdient gewesen" (Mutz 2000).

das Verhältnis zu Russland gehabt hätte. Mit der Beschränkung auf Luftangriffe habe die NATO Milošević signalisiert, nur einen „halben Krieg" führen zu wollen.

Diese Argumentation suggeriert, eine Bodenoffensive hätte weniger Opfer gefordert. Genau die gegenteilige Annahme war aber der Ausgangspunkt für die Wahl der militärischen Option und für das Festhalten an dieser Option während der wochenlangen, vorerst nur zu negativen Ergebnissen führenden Bombardements: Im Falle einer Bodenoffensive erwartete die NATO eine Eskalation des Krieges und unkalkulierbare militärische Kampfhandlungen zwischen NATO-Einheiten und der serbischen Armee sowie einen Guerilla-Krieg am Boden, verbunden mit entsprechend hohen Opferzahlen.

Wären die Dauer des Krieges und die Konsequenzen vorher sichtbar gewesen, hätte sich die NATO vermutlich für eine andere (nicht-militärische) Vorgehensweise entschieden. Zu Beginn des Krieges waren die maßgeblichen Politiker offenkundig davon ausgegangen, dass die Bombardements nur wenige Tage oder maximal zwei Wochen dauern würden. Fehleinschätzungen prägten die strategischen wie die taktischen Entscheidungen: bezüglich der Reaktion Belgrads, der Effizienz des Luftkrieges, der Auswirkungen auf die verfeindeten Kräfte am Boden.[22]

Nach Einstellung der Luftangriffe nach 78 Tagen waren im Kosovo weite Teile der Bevölkerung zu Flüchtlingen und Binnenvertriebenen geworden. Die NATO half dem UNHCR und anderen humanitären Organisationen bei der Errichtung von Flüchtlingslagern in Albanien, wo 40 Prozent aller Flüchtlinge in etwa 3.000 Camps unterkamen, sowie in Mazedonien,[23] unterhielt diese und unter-

---

22   "Die Vertreibung war eine [...] asymmetrische Antwort. Während wir die direkten Antworten Miloševićs richtig einschätzten, haben wir in der Kategorie der asymmetrischen Antworten mit Terror-Anschlägen gerechnet – und dagegen auch Vorkehrungen getroffen. Aber die Idee, eine ganze Bevölkerung aus dem Land zu treiben – die war unserem Denken so fremd, dass wir nicht darauf gekommen sind", so General Klaus Naumann, ehemaliger Vorsitzender des Militärausschusses der NATO, in einem Interview in DIE WOCHE vom 3. September 1999 (zit. in Meyer/Schlotter 1999: 41).

23   Die Beteiligung der NATO am Bau von Flüchtlingslagern stellte einen Präzedenzfall dar. Die Zusammenarbeit zwischen dem UNHCR und der NATO brachte dem UNHCR viel Kritik von Seiten diverser Nichtregierungs- und Hilfsorganisationen ein, da die NATO sich als Kriegspartei der Vertriebenen angenommen habe und die Neutralität des Flüchtlingsschutzes durch den UNHCR damit in Frage gestellt worden sei (vgl. Becker 1999). Der UNHCR wies diese Kritik von sich und erwiderte, dass man angesichts eines Massenexodus von Hunderttausenden von Menschen gezwungen gewesen sei, auf die logistische Unterstützung von Militärs zurückzugreifen. „Hätten wir die NATO nicht gebeten, ihre entsprechenden Kapazitäten für die Flüchtlingshilfe bereitzustellen, wäre aus der Kosovo-Tragödie eine Katastrophe geworden", so Jean-Noël Wetterwald, UNHCR-Vertreter in Deutschland (Beitz 1999). Der UNHCR argumentierte, dass – wie bereits im Nordirak 1991 - das Militär am ehesten in der Lage sei, logistische

stützte den UNHCR und die *International Organization for Migration* (IOM) bei der Durchführung eines Humanitären Evakuierungsprogramms (HEP) in Drittländer. Dadurch fanden fast 96.000 Flüchtlinge, die in Mazedonien untergekommen waren, in 29 Aufnahmeländern begrenzten Schutz (vgl. UNHCR 1999: 346). Das HEP war auf Druck der mazedonischen Regierung initiiert worden, die klar machte, dass sie nicht über Kapazitäten für die Aufnahme von mehr als 20.000 Flüchtlingen verfüge und immer wieder zu Maßnahmen wie Grenzschließung griff (AI 1999). Mazedonien besaß aufgrund der Stationierung von NATO-Truppen auf seinem Territorium auch ein Druckmittel, um eine „Lastenverteilung" einzufordern. Die Flüchtlinge aus Mazedonien wurden v.a. nach Deutschland (14.690), die USA (14.050), die Türkei (8.340), Frankreich (6.300), Norwegen und Italien (je etwa 6.000) überführt.[24] Eine Rückkehr der Flüchtlinge war aufgrund der weitgehenden Zerstörung von Wohnhäusern und der Infrastruktur nur im Zusammenhang mit umfangreichen Rekonstruktions- und Wiederaufbaumaßnahmen möglich.

Unterstützung zu leisten und jenes Ausmaß an Sicherheit herzustellen, das erforderlich wäre, um die humanitäre Krise einzudämmen (vgl. Morris 1999; UNHCR 2000: 238).

24 Der UNHCR merkte an, dass die medienbedingte Öffentlichkeit, die der Evakuierungsoperation beschieden war, viele Regierungen unter Druck setzte, Flüchtlinge aufzunehmen, nachdem die NATO-Bombardements nicht den gewünschten Effekt erzielt hatten (vgl. UNHCR 2000: 139). Zur Kritik am HEP vgl. AI 1999.

2.3 Rückkehr und Wiederaufbau

Am 9. Juni 1999 wurden ein Waffenstillstand und ein Friedensplan von der Belgrader Führung akzeptiert, der den Abzug aller serbischen Truppen aus dem Kosovo und die freie Rückkehr aller Flüchtlinge beinhaltete. Nun begann der Einsatz der von der UNO approbierten *Kosovo Force* (KFOR), also den vom UN-Sicherheitsrat mandatierten militärischen Sicherungs- und Stabilisierungskräften, die mit der Aufgabe betraut wurden, ein sicheres Umfeld aufzubauen, in das Flüchtlinge und Binnenvertriebene zurückkehren, in dem internationale Hilfsorganisationen operieren und eine internationale Administration errichtet werden könnten.[25] Zentrale Aufgaben der KFOR waren zu Beginn des Einsatzes daher u.a. die Verhinderung neuer kriegerischer Auseinandersetzungen, die Absicherung des Waffenstillstands, die Sicherstellung des Abzugs der bewaffneten Kräfte der Bundesrepublik Jugoslawien sowie die Demobilisierung der UÇK. Mit dem Beginn des KFOR-Einsatzes und dem gleichzeitigen Rückzug serbischer Streitkräfte nach Norden in Richtung Serbien begann auch die Rückkehr der Flüchtlinge.

Innerhalb von drei Wochen kamen 500.000 und bis Ende 1999 mehr als 820.000 Kosovo-Albaner in die Provinz zurück, darunter auch solche, die den Kosovo schon vor den NATO-Luftangriffen verlassen hatten. Dies geschah zum Teil trotz Warnungen seitens des UNHCR und der NATO vor der instabilen Lage im Kosovo.[26] Denn die Rückkehr erfolgte in ein Gebiet, in dem es keine Zivilverwaltung, Polizei etc. gab. Rund 120.000 Häuser im Kosovo galten als zerstört oder stark beschädigt (vgl. Hippler 1999), es bestand Gefahr durch Minen, Sprengfallen etc. Alle wichtigen Teile des öffentlichen Sektors mussten instand gesetzt werden: Strom und Wasser, Gesundheits- und Bildungsinstitutionen, Fabriken, Kleinbetriebe, Landwirtschaft und Kommunikation. Mit Hilfe von KFOR und internationaler Hilfsdienste konnte den Rückkehrern zumindest ein provisorisches Unterkommen bereitet werden. Am Höhepunkt des internationalen Engagements befanden sich 100.000 Angehörige von internationalen Regierungs- und Nichtregierungsorganisationen im Kosovo, davon ca. 50.000 KFOR-Truppen. D.h. auf weniger als 20 Einwohner des Kosovo kam ein „Inter-

---

25 Mandat des UN-Sicherheitsrats vom 12. Juni 1999; weitere Spezifikationen zum Mandat der KFOR sind im *Military Technical Agreement* (MTA) vom 9. Juni 1999 enthalten, einer Vereinbarung zwischen KFOR und der Regierung der Bundesrepublik Jugoslawien über den Abzug jugoslawischer Streitkräfte aus dem Kosovo und die Errichtung einer gemeinsamen Kommission für die Implementierung des MTA; Wortlaut des MTA: NATO 1999a; vgl. zum KFOR-Einsatz Handrick 2005; ICG 1999a; Kramer/Džihić 2005.

26 Aus Interviews mit rückkehrwilligen Flüchtlingen in Mazedonien ging hervor, dass sich viele durch die Präsenz der NATO sicher fühlten (vgl. AI 1999: 3).

nationaler" für Sicherheits- und Rekonstruktionsaufgaben, und zwar auf einem Gebiet, das der Größe Schleswig-Holsteins entspricht.

Die finanziellen Hilfsleistungen der internationalen Gemeinschaft für den Kosovo waren weit höher als für andere Nachkriegsgesellschaften (vgl. Kramer/Džihić 2005: 21)[27]. Das Volumen belief sich in den ersten zwei Jahren nach der Intervention auf 814 US-Dollar pro Einwohner.[28] KFOR war am Wiederaufbau tragend beteiligt. Zudem wurde der Kosovo einer UNO-geführten zivilen Übergangsverwaltung (*United Nations Mission in Kosovo*; UNMIK) unterstellt, die durch die Resolution 1244 des UN-Sicherheitsrats vom 10. Juni 1999 mit der Aufgabe betraut wurde, Bedingungen für eine „substantielle Autonomie" und eine demokratische Selbstverwaltung zu schaffen (vgl. UN 1999).[29]

Bereits im Juli 1999 wurde das letzte Auffanglager geschlossen. NATO-Generalsekretär George Robertson beschrieb die Erfolge der Allianz ein Jahr nach der Intervention folgendermaßen: „Seit dem Ende der Luftangriffe sind über 1,3 Millionen Flüchtlinge nach Hause und in ihre Dörfer zurückgekehrt. 810.000 davon aus Albanien, der früheren jugoslawischen Republik Mazedonien und anderen Ländern überall auf der Welt, und 550.000, die innerhalb des Kosovo vertrieben worden waren" (Robertson 2000: 16).[30] Ohne den NATO-Einsatz wäre der Prozess viel langsamer verlaufen. Allerdings: Vier von fünf Vertriebenen, die nach den Luftangriffen in den Kosovo zurückkehren konnten, hatten diesen erst im Gefolge des Luftkrieges verlassen.[31]

Ab Winter und Frühjahr 2000 begann sich die Lebenssituation der zurückgekehrten Kosovo-Albaner zu normalisieren. Infolge kriegerischer Handlungen zerstörte Häuser, Wohnungen und Straßen wurden wieder aufgebaut, ein

---

27 Kramer/Dzihic stützen sich hinsichtlich der Angaben zu den internationalen Hilfsleistungen in Osttimor, Ruanda, Palästina etc. auf Rubin, Bernet et al. 2004.

28 Osttimor erhielt im gleichen Zeitraum 256 US-Dollar/Person, Bosnien (1995-97) 249 US-Dollar/Person, Palästina (1994-2001) 219 US-Dollar/Person sowie Ruanda 114 US-Dollar/Person (vgl. Kramer/Džihić 2005: 21).

29 Aus dem UNO-Mandat ergaben sich folgende Aufgaben für UNMIK: Ausübung ziviladministrativer Funktionen, Unterstützung bei der Errichtung einer Selbstverwaltung im Kosovo, Steuerung des politischen Prozesses, wirtschaftliche Hilfe sowie im Jahre 1999 auch die Verteilung humanitärer Güter. Weitere Aufgaben waren die Instandsetzung und Erneuerung der Infrastruktur, Gewährleistung von Menschenrechten sowie die Einbeziehung von Angehörigen aller Volksgruppen in die Arbeit und die Willensbildung der Mission; vgl. zur UNMIK: AI 2006; ICG 1999b; Jessen-Petersen 2006; Kreidl 2006; Rossbacher 2004; Tielsch 2006.

30 Darüber hinaus sei die Kriminalitätsrate um 50 Prozent gefallen, die Zahl der Morde pro Woche habe sich von 50 auf 5 verringert.

31 „Ein Übel zu beheben, das man zum ganz überwiegenden Teil selbst ausgelöst hat, ist ein eingeschränktes Verdienst" (Mutz 2000).

Bildungs- und Gesundheitssystem installiert und politisch bzw. ethnisch motivierte Angriffe waren rückläufig (vgl. Kramer/Džihić 2005: 42). Ganz anders hingegen entwickelte sich die Situation für die Menschen in den Enklaven der Minderheiten im Kosovo: Mit der Rückkehr der kosovoalbanischen Flüchtlinge begann eine Flucht- und Vertreibungswelle von kosovarischen Serben und Angehörigen anderer ethnischer Minderheiten, darunter v.a. Roma, Ashkali und „Egyptians" (vgl. u.a. HRW 1999c).[32]

Die UÇK unter der Führung von Hashim Thaci und Ramush Haradinaj nutzten das Vakuum, das entstand, als die KFOR noch mit der Errichtung eigener Basen und die UNO mit der Etablierung von UNMIK beschäftigt waren. Die UÇK übernahm die Macht in vielen Gemeinden und Städten, Thaci wurde zum Premierminister erklärt und „in diesem Kontext einer weitgehenden Rechtlosigkeit" gingen die UÇK und die albanische Mehrheitsbevölkerung brutal gegen im Kosovo lebende Serben und Angehörige anderer Minderheiten vor (vgl. Kramer/Džihić 2005: 37). Schätzungsweise 240.000 ethnische Serben und andere Nicht-Albaner wurden ab Juli 1999 vertrieben oder verließen aus Angst vor Racheakten seitens der Kosovo-Albaner bzw. vor allem der (offiziell aufgelösten) UÇK ihre Heimat (AI 2006). Viele Serben flohen in den serbisch stärker besiedelten Norden des Kosovo. KFOR und die UNMIK versuchten, den Schutz und die Unterstützung der Serben und anderer Minderheiten mit militärischen und polizeilichen Mitteln zu gewährleisten. Dies gelang jedoch nur sehr begrenzt. Um wenigstens ihre Flucht zu sichern, eskortierte teilweise KFOR Serben, die den Kosovo verließen, an die Grenze. Erst im Herbst 1999 gelang es KFOR, die UÇK unter Kontrolle zu bringen und zu demobilisieren.[33]

Bis November 2006 kehrte nur eine kleine Zahl von Serben – etwa 12.000 – in den Kosovo zurück (AI 2006), die meisten zwischen 2000 und 2003.[34] Die Serben leben aber weitgehend isoliert außerhalb der Zentren in abgelegenen,

32 „Die Rückgängigmachung der Vertreibung der Kosovo-Albaner als Erfolg herauszustellen, hat einen bitteren Beigeschmack, zumal danach die überwiegende Zahl der im Kosovo lebenden Serben und Roma nun von zurückkehrenden Albanern vertrieben wurde" (Meyer/Schlotter 2000: 46 f.).

33 Die Entwaffnung der UÇK erfolgte auf Basis eines Abkommens zwischen KFOR und der UÇK vom 20. Juni 1999 (NATO 1999b). Zeitgleich gründeten KFOR und UNMIK auf Basis des zwischen ihnen und verschiedenen politischen Kräften des Kosovo im Dezember 2000 beschlossenen *Interim Administration Council* (IAC) das *Kosovo Protection Corps* (KPC), in das Teile der UÇK integriert wurden (70 Prozent). Zudem stellten ehemalige UÇK-Mitglieder 25 Prozent des neuen *Kosovo Police Service* (KPS) (vgl. Heinemann-Grüder/Paes 2001: 19-32; ICG 2006a: 8; Petersen 2005).

34 Die Zahl der Rückkehrer der etwa 28.000 vertriebenen Roma, Ashkali und „Egyptians" war prozentual etwas höher.

von der KFOR geschützten Siedlungen.[35] Eine Ausnahme bildet die Stadt Mitrovica. Trotz des im Zuge der Demobilisierung der UÇK erfolgten Rückgangs der Zahl von Morden und anderer schwerer krimineller Delikte ab dem Jahre 2000 konnte (und kann) in diesen Enklaven nur von einem „negativen Frieden" – Abwesenheit direkter Gewalt – gesprochen werden. Die Sicherheitssituation war (und ist) weiterhin nicht als stabil zu bezeichnen, wie die Pogrome kosovo-albanischer Kräfte im März 2004 zeigten. Auslöser dieser Unruhen waren interethnische Zwischenfälle, wie sie seit Sommer 2003 häufig vorgekommen waren. Ihren Höhepunkt hatten die Unruhen am 17. und 18. März 2004, als sich 50.000 Kosovo-Albaner an Gewaltexzessen beteiligten, in deren Verlauf Hunderte serbische Häuser, Klöster und Kirchen niedergebrannt wurden, 19 Personen ums Leben kamen und 900 verletzt wurden. Im Zuge der Unruhen flohen 4.100 Serben. Danach waren keine größeren Rückkehrbewegungen von Serben oder anderer Minderheiten mehr zu verzeichnen. Somit machten die Unruhen im März 2004 die Fortschritte im Aufbau eines „multiethnischen Kosovo" zunichte, die man zuvor – wenn auch langsam – zu erreichen geglaubt hatte (vgl. Bock/Pham 2006: 113 ff.; ICG 2004; Kramer/ Džihić 2005: 51).

Die Pogrome vom März 2004 bedeuteten einen schweren Schlag für KFOR und UNMIK und stellten eine Grundintention des KFOR-Einsatzes – Schutz der Minderheiten – in Frage.[36] *Special Representative of the Secretary-General* und Chef von UNMIK, Harri Hermanni Holkeri, bezweifelte in diesem Zusammenhang die Strategie der internationalen Gemeinschaft, im Kosovo eine „multiethnische Gesellschaft" schaffen zu können, und fragte, ob eine friedliche Koexistenz von Mehrheits- und Minderheitsbevölkerung nicht realistischer wäre. Gerade UNMIK büßte im Zusammenhang mit den Vorfällen im März 2004 an Vertrauen ein, sowohl innerhalb der internationalen Gemeinschaft als auch in der kosovarischen Bevölkerung (vgl. Kramer/Džihić 2005: 187-196). Im Mai 2004 trat Holkeri von seinem Amt zurück, im Juni trat der Däne Søren Jessen-Petersen dieses Amt an. Er verfolgte eine stärker auf Kooperation mit den kosovo-albanischen Eliten abzielende Politik und pflegte freundliche Beziehungen vor allem zur im Oktober 2004 konstituierten Regierung unter dem

---

35 Es handelt sich hierbei insbesondere um Dörfer wie Grace, Priluže und Velika Hoča sowie um größere Ansiedelungen wie Gračiana, Laplje Selo, Čaglvaica und Gorazhdec bzw. die Gemeinde Shtërpcël Šterpce (vgl. Kramer/Džihić 2005: 44).

36 „Das ist der ernsteste Rückschlag für die Anstrengungen der UNMIK. Dies hat an den Grundfesten der Mission gerührt", so Harri Hermanni Holkeri, der damalige *Special Representative of the Secretary-General* und Chef von UNMIK (Le Monde 27.05.2004, zit. bei Kramer/Džihić 2005: 187). *Human Rights Watch* konstatierte ein „failure to protect" (HRW 2004).

ehemaligen UÇK-Mitglied Ramush Haradinaj.[37] Haradinaj umgekehrt befleißigte sich in Bezug auf die Minderheiten im Kosovo einer anderen Rhetorik als sein Vorgänger und viele seiner Parteifreunde. Er besuchte mehrere Male serbische Dörfer, betonte, dass ihm die Anliegen der serbischen Minderheit wichtig seien, und versicherte, dass Geschehnisse wie im März 2004 nicht wieder vorkommen würden. Unter Haradinaj wurde der Wiederaufbau der im März 2004 zerstörten Gebäude vorangetrieben; schon im Februar 2005 waren 853 von 897 zerstörten Häusern wieder hergestellt. Die Rekonstruktion der Häuser bedeutete jedoch nicht, dass Serben diese auch tatsächlich wieder beziehen konnten; teilweise kam es zu Eigentumsstreitigkeiten (vgl. Kramer/Džihić 2005: 205).

Zudem ist die Sicherheitslage nach wie vor als fortwährend fragil zu bezeichnen. Immer wieder kam es zu interethnischen Zwischenfällen.[38] Vor diesem Hintergrund spielen die KFOR-Truppen weiterhin eine elementare Rolle bei der Aufrechterhaltung der Sicherheit von im Kosovo lebenden Serben und anderen Minderheiten, gerade auch nach der einseitigen Unabhängigkeitserklärung durch die kosovarische Regierung Anfang 2008.[39] Erschwerend zu der fragilen Sicherheitslage hinzu kommt die bedrückende Wirtschaftssituation: Die Arbeitslosigkeit unter den Minderheiten beträgt nach Angaben des UNHCR 95 Prozent; demzufolge waren es auch eher ältere Menschen, die zurückkehrten, während die jüngeren aufgrund fehlender Zukunftsperspektiven größtenteils in Serbien

---

37 Ramush Haradinaj war bis März 2005 Premierminister des Kosovo, als der Internationale Strafgerichtshof für das ehemalige Jugoslawien (ICTY) Anklage gegen ihn erhob, im Jahr 1998 im Rahmen seiner Mitgliedschaft bei der UÇK Verbrechen gegen die Menschlichkeit und Verstöße gegen das Kriegsrecht begangen, geduldet oder befohlen zu haben. Es ging hierbei um die Vertreibung und Misshandlung von Serben sowie von albanischen „Verrätern", die von der UÇK der Kollaboration mit serbischen Ordnungskräften oder der Illoyalität zur UÇK verdächtigt wurden. Haradinaj stellte sich freiwillig dem Tribunal und plädierte auf „nicht schuldig". Das Gericht entließ ihn drei Monate später provisorisch, bis zum Beginn seines Prozesses, aus der Untersuchungshaft und gestattete ihm, sich weiterhin politisch im Kosovo zu betätigen, allerdings unter Beobachtung durch UNMIK. Haradinaj engagierte sich aus dem Hintergrund, während Bajram Kosumi das Amt des Premierministers bis März 2006 übernahm. Am 5. März 2007 begann der Prozess gegen Haradinaj (vgl. Tosh 2007; Welt Online 2007a), der im April 2008 mangels Beweisen mit einem Freispruch endete. Mögliche Zeugen waren zuvor massiv eingeschüchtert, einige ermordet worden.

38 „Kosovo Serbs are living in fear in Kosovo, widening an already deep ethnic divide. Although serious crime against Kosovo Serbs has declined since March last year when thousands were expelled from their homes during ethnically motivated riots, isolated incidents were still feeding their fears", so Javier Solana in seiner Funktion als Hoher Vertreter für Gemeinsame Außen- und Sicherheitspolitik der Europäischen Union im Februar 2005 (UNMM 2005a; zit. bei Kramer/Džihić 2005: 206).

39 So verlängerte am 5. Juni 2008 der Bundestag den Kosovo-Einsatz der Bundeswehr für ein weiteres Jahr (Bundestagsdrucksache 16/9287; „Deutsche Soldaten im Kosovo: Bundestag verlängert Mandat", in: SZ, Internetausgabe vom 05.06.2008).

bzw. im von Serben kontrollierten Norden des Kosovo blieben (vgl. Kramer/ Džihić 2005: 44).

Sieben Jahre nach der Intervention wurden noch immer 207.069 aus dem Kosovo Vertriebene allein in Serbien gezählt, weitere 16.284 in Montenegro und 22.000 innerhalb des Kosovo. Größtenteils handelte es sich um ethnische Serben (Krstic 2007: 64). Abschließend kann festgehalten werden, dass das Ziel der Eliminierung der Belgrader Staatsmacht im Kosovo und die Herstellung einer „substanziellen Autonomie" mit Hilfe einer militärischen Intervention von außen einen Regimewechsel in der Provinz implizierte. Die humanitären Erwägungen, die als Begründung für den Eingriff angeführt wurden (systematische Vertreibung der albanischen Bevölkerung, Massenmorde), wurden vielfach erst mit der Intervention Realität. Die mit der Intervention verfolgte Zielvorstellung, im Kosovo eine multikulturelle, rechtsstaatliche und demokratische Gesellschaft aufzubauen, konnte nicht verwirklicht werden. Der von UNO und NATO lange vertretene Anspruch der Aufrechterhaltung des staatsrechtlichen Status quo bei von Belgrad unabhängiger Demokratisierung unter internationaler Patronage, der sich in der Formel „Standards vor Status" ausdrückte, wurde unter zunehmendem Druck nationalistisch-albanischer Kräfte aufgegeben.

3 Intervention und Migration am Beispiel Afghanistans

3.1 Vorgeschichte

Das Phänomen der Migration ist ein prägendes Element in der Geschichte Afghanistans der letzten Jahrzehnte. Schon Ende der 1970er Jahre und in den 1980er Jahren fanden die ersten größeren Wanderungen afghanischer Bürger in den Iran statt. Afghanistan war zu dieser Zeit von Dürrewellen geplagt, während der Iran zur gleichen Zeit aufgrund seines Ölbooms gedieh.[40]

Etwa gleichzeitig mit dürrebedingter Migration gab es im Zusammenhang mit der Ablösung des Staatsoberhauptes Mohammed Daoud im April 1978 durch den Generalsekretär der kommunistisch ausgerichteten Demokratischen Volkspartei Afghanistans (DVPA), Nur Muhammad Taraki, eine politisch motivierte Migrationswelle.[41] Das proklamierte Ziel des Taraki-Regimes bestand darin, das rückständige Agrarland mit seinem System tribaler und lokaler Autonomien zu einem modernen sozialistischen Staat zu machen. Damit war der Sturz Daouds nicht nur ein Machtwechsel, sondern zielte auf die umfassende Umgestaltung des Landes in politischer und ökonomischer Hinsicht. Der Migrationsstrom, der aus der Machtübernahme durch die Kommunisten und ihrer Unsensibilität bzw. Brutalität bei der Durchführung von Reformvorhaben resultierte, verlief parallel zur immer stärkeren, schon in den 1960er Jahren begonnenen Land-Stadt-Migration. Viele Afghanen verließen aus ökonomischen oder auch aus Gründen der Sicherheit und der schlechten Infrastruktur ihre Dörfer und zogen in die relativ sicheren Großstädte wie Kabul, Ghazni, Dschalalabad und Mazar-i-Scharif. Die Bevölkerung in Kabul beispielsweise verdoppelte sich in weniger als 10 Jahren.[42]

---

40 Afghanistan war schon zuvor in finanzieller Hinsicht äußerst abhängig von anderen Staaten, insbesondere von der UdSSR und den USA. Seit den 1950er Jahren stammten 40 Prozent des Staatsbudgets Afghanistans aus externen Quellen, v.a. der Entwicklungshilfe (vgl. Schetter 2007: 3).

41 Daoud selbst, ehemals Premierminister, war es 1973 mit Unterstützung von Teilen der DVPA gelungen, König Zahir Shah zu stürzen und an seiner Statt das Präsidentenamt zu übernehmen. Anschließend distanzierte Daoud sich von der DVPA. Daraufhin wurde er am 27. April 1978 ermordet und die DVPA übernahm die Macht. Die DVPA war im Land nur schwach verankert; besonders in der Landbevölkerung genoss die DVPA keinen Rückhalt (vgl. Hippler 1997; Ruttig 2006).

42 Einem Zensus aus dem Jahr 1979 zufolge verzeichnete Kabul 913.164 Einwohner. Mitte 1985 wurde von einer Bevölkerungsgröße von über 2 Millionen Einwohnern berichtet. Diese Angaben basierten, wie die Bevölkerungsstatistiken zu Afghanistan generell, auf unsicheren Daten, sind nicht bestätigt worden und konkurrieren mit anderen Angaben (vgl. Dupree/Gouttiere 2001). Auch andere Städte verzeichneten massive Zuwächse. Der Anteil der Stadtbevölkerung Afghanistans stieg von 9,4 Prozent

Das Anschwellen politisch motivierter Migration resultierte dann aber vor allem aus der Invasion sowjetischer Truppen in Afghanistan Ende 1979. Diesem Aufmarsch vorausgegangen war eine zunehmende Auflehnung der afghanischen Bevölkerung gegen die Versuche des kommunistischen Regimes, aus Afghanistan einen Sowjetstaat zu machen. Mit dem Ziel, sozialistische Strukturen nun mit Gewalt aufrechtzuerhalten, intervenierte die UdSSR. Innerhalb weniger Wochen flohen mehr als 600.000 Menschen, die Mehrzahl von ihnen nach Pakistan und Iran. Bis 1981 suchten etwa 1,5 Millionen Afghanen vor den Sowjets im Iran, weitere 2,4 Millionen in Pakistan Schutz (vgl. UNHCR 2000: 116, 119). In Pakistan organisierten afghanische islamistische Gruppen die Gegenbewegung *Mujaheddin* (Heilige Krieger), die Afghanistan von den Besatzern befreien sollte. Untereinander waren die *Mujaheddin*-Gruppen zerstritten, doch mit dem Ziel der Befreiung Afghanistans schlossen sie sich zu einer - wenn auch lose organisierten - „Allianz der Sieben" bzw. „Islamischen Einheit der Afghanischen Mujaheddin" zusammen (vgl. Berger/Kläy/Stahel 2002: 46 ff.; Roy 1986: 219 f.).[43] Die *Mujaheddin*-Bewegung wurde sowohl vom Westen mit dem Ziel der Schwächung der Sowjetunion als auch vom Präsidenten Pakistans, General Zia-ul-Haq, der wenig von einem sowjetischen Afghanistan hielt und die Bildung eines Blocks islamistisch ausgerichteter Länder vorantreiben wollte, finanziell und materiell unterstützt (vgl. Hippler 1997; Wagner 2007: 36).[44] Mit der Eskalation der Auseinandersetzungen zwischen der Sowjetunion und der islamistischen Gegenbewegung stieg die Zahl der Flüchtlinge weiter. Bis 1986 kamen etwa 5 Millionen afghanische Flüchtlinge nach Pakistan und in den Iran.[45]

Die meisten afghanischen Flüchtlinge in Pakistan waren ethnische Paschtunen und kamen vorwiegend aus ländlichen Gebieten. Sie lebten in Flüchtlingslagern, die der UNHCR in der nordwestlichen Grenzregion sowie in Balutschistan errichtet hatte (vgl. Poppelwell 2002: 14; Ruiz/Emery 2002: 8 f.). In Pakistan entwickelten sich die Camps über die Jahre hinweg zu ganzen Dörfern. Viele

---

im Jahr 1965 auf 16,9 Prozent im Jahr 1985. 1990 lebten 18,3 Prozent der afghanischen Bevölkerung in Städten. Bis zum Jahr 2005 nahm dieser Anteil auf 22,5 Prozent zu (vgl. UN Population Division 2005).

43   Neben diesen sunnitischen gab es auch vom Iran unterstützte schiitische Widerstandsgruppen; die acht größten von ihnen bildeten 1987 den „Islamischen Koalitionsrat Afghanistans", der sich 1989 in „Islamische Einheit Afghanistans" umbenannte (vgl. Kakar 1995; Ruttig 2006: 10 f.).

44   Der anvisierte islamistische Block sollte zudem auch ein Gegengewicht zu Indien darstellen und langfristig auch die islamischen Republiken in Zentralasien umfassen.

45   Hinzu kam eine relative kleine Gruppe von Fachleuten, die Kabul aufgrund fortwährender Konflikte verließen. Sie gingen vor allem in die USA, nach Europa, Pakistan und Indien (vgl. Marsden/Turton 2002: 11).

afghanische Flüchtlinge konnten sich hier ein Leben aufbauen, das zumindest besser war als jenes, das sie in Afghanistan hätten erwarten können. Die meisten fanden Arbeit in der lokalen Wirtschaft oder pachteten Kulturland. Einige Afghanen waren sowohl in Pakistan als auch in Afghanistan präsent, indem sie Bauern für ihre Farmen in Afghanistan anstellten, selbst aber in Pakistan lebten.

Afghanische Flüchtlinge im Iran dagegen, zumeist ethnische Tadschiken, Usbeken und Hazara aus Herat sowie aus ländlichen Gebieten in Nord- und Westafghanistan, hatten ein wesentlich härteres Leben, was insbesondere eine Konsequenz der im Vergleich zu Pakistan sehr viel schwächeren internationalen Hilfe war. Denn nach der Besetzung der US-Botschaft und der Geiselnahme einiger US-Bürger in Teheran 1979 durch iranische Studenten sträubten sich die USA und ihre Alliierten fortan, Hilfsprogramme im Iran zu unterstützen – auch solche für Flüchtlinge.[46] Im Gegenzug verbot der Iran westliche Hilfsagenturen, darunter auch den UNHCR, auf seinem Territorium. Somit waren die afghanischen Flüchtlinge weitgehend auf sich allein gestellt und siedelten in iranische Städte um, wo sie mit den Einheimischen um Arbeit konkurrierten.

Zur Entschärfung des Bürgerkrieges in Afghanistan wurde 1986 Mohammad Najibullah als Generalsekretär der herrschenden kommunistischen Demokratischen Volkspartei Afghanistans und 1987 als Vorsitzender des Revolutionsrats und Staatspräsident eingesetzt. Nachdem die Sowjetunion dennoch nicht in der Lage war, den Krieg für sich zu entscheiden, zumal eine der wichtigsten Voraussetzungen, die Unterstützung der Zivilbevölkerung, fehlte, begann Moskau im Zuge der von Parteichef Gorbatschow verfolgten Reformpolitik 1988 mit dem Rückzug aus Afghanistan.[47] Zu dieser Zeit befanden sich bereits 3,3 Millionen afghanische Flüchtlinge in Pakistan, die vorrangig in den 3.000 vom UNHCR errichteten Flüchtlingsdörfern lebten. Im Iran hielten sich zu diesem Zeitpunkt ebenfalls etwa 3 Millionen Afghanen auf.

Der endgültige Rückzug der Sowjetunion 1989, die Einnahme Kabuls durch die *Mujaheddin* und der Sturz Najibullahs im April 1992 beendeten die kommunistische Ära Afghanistans. Die Mehrheit der Bevölkerung erhoffte und

---

46 "Although UNHCR ultimately obtained some funds for Afghan refugees in Iran, the disparity in expenditures between Pakistan and Iran remained substantial throughout the 1980s and 1990s. Between 1979 and 1997, UNHCR spent more than US $1 billion on Afghan refugees in Pakistan, but only US $150 million on those in Iran" (UNHCR 2000: 118).

47 Der Abzug der Truppen korrespondierte mit dem im April 1988 vereinbarten „Genfer Abkommen", das die internationalen Aspekte der Beendigung des Krieges regelte und von den Regierungen Afghanistans, Pakistans, der UdSSR und der USA unterzeichnet wurde, sowie mit der gleichzeitig implementierten *United Nations Good Offices Mission* in Afghanistan and Pakistan (UNGOMAP), die mit der UN-Resolution 622 vom 31. Oktober 1988 bestätigt wurde.

viele westliche Beobachter erwarteten damit ein Ende der Auseinandersetzungen und den Beginn eines friedlichen Wiederaufbaus. Dementsprechend kam es zu einer Rückkehrwelle von 900.000 Flüchtlingen zwischen April und Dezember 1992; 1993 waren es weitere 900.000 (vgl. Marsden/Turton 2002: 12 f.). Der UNHCR sprach sogar von einem Rückgang der Flüchtlingszahlen um 2,9 Millionen auf 3,4 Millionen zwischen 1991 und Ende 1993 (vgl. UNHCR 2000: 119). Etwa ein Drittel dieser Rückkehrer profitierte dabei vom UNHCR und der von ihm organisierten *Operation Salam*[48] in Pakistan und Afghanistan. Laut UNHCR war es das größte und schnellste Repatriierungsprogramm, das der UNHCR jemals durchgeführt hatte (vgl. Ruiz 2002: 9). Mit dem Iran hatte der UNHCR im Dezember 1992 ebenfalls ein Repatriierungsprogramm vereinbart. Bis zum Herbst 1993 kehrten 300.000 Afghanen aus dem Iran zurück, weitere 300.000 waren es außerhalb dieses Programms (vgl. Marsden/Turton 2002: 12).

Jedoch ließ das Interesse des Westens nach dem Abzug der Sowjetunion an den Entwicklungen in Afghanistan schnell nach. Die Unterstützungsleistungen wurden eingeschränkt. So fand auch die *Operation Salam* ein rasches Ende. Repatriierungen aus Pakistan vollzogen sich ab 1993 nur noch auf einem sehr reduzierten Niveau (vgl. Marsden/Turton 2002: 13; Ruiz 2002: 9). Die Zahl der Rückkehrer aus dem Iran nahm ab Ende 1993 ebenfalls ab. Zugleich wurde offensichtlich, dass die neu etablierte Regierung unter Präsident Burhanuddin Rabbani keine Sicherheit herstellen konnte: Die Machtkämpfe unter Fraktionen der *Mujaheddin*, die dem Ende der sowjetischen Besatzung folgten, bedeuteten eine neue Phase des Krieges, die zu weiteren Fluchtbewegungen führte.[49]

Im Verlauf des Bürgerkriegs entwickelten sich die radikal-islamischen Taliban, die „wie aus dem Nichts" kamen (Hippler 1997), zu einer dominierenden Gruppe. Ihr Erfolg war zum einen auf den Zeitpunkt ihres Erscheinens zurückzuführen: Die Bevölkerung war kriegsmüde und nahm die kämpfenden Mujaheddin-Fraktionen immer weniger als Befreier, sondern als Banditen und Wegelagerer wahr. Vor allem aber waren die Taliban eine Kraft ohne eine von Krieg, Verbrechen und Korruption geprägte Vergangenheit und verfügten damit über ein höheres Maß an Glaubwürdigkeit (vgl. Hippler 1997). Versprengte

---

48 In Pakistan konnten die Flüchtlinge Rationskarten in Geld für den Transport nach Afghanistan, Nahrungsmittel etc. eintauschen; in Afghanistan hatte *Operation Salam* insbesondere die Aufgabe, das Leben für die rückkehrenden Afghanen so sicher wie möglich zu machen, v.a. durch Minenräumung, Gesundheitsprogramme, Verbesserung des Wasserzugangs und elementarer Schulbildung (Vgl. Khan 1990).

49 Nach dem Sturz Najibullahs war es zu einem Übereinkommen eines aus verschiedenen *Mujaheddin*-Parteien gebildeten Kriegsrats über die neue Regierung gekommen. Aus diesem Abkommen wurden allerdings die schiitischen *Mujaheddin*-Parteien sowie die Islamische Partei Afghanistans unter der Führung Gulbuddin Hekmatyars ausgeschlossen. In der Folge kam es zu Kämpfen zwischen Hekmatyar, schiitischen Parteien und der Regierung.

Gruppen und Milizen schlossen sich dann den Taliban an. Bis Mitte 1995 wuchs die Zahl der „Gottesschüler" bereits auf mindestens 32.000 (vgl. Conetta 2002a).[50] Sie kontrollierten den Westen und Süden Afghanistans, wo sie sukzessive für Ruhe und Ordnung sorgten. Flüchtlinge aus Pakistan kehrten ab 1994 wieder in höherer Zahl nach Afghanistan zurück. Die Taliban implementierten ihre restriktiven Auffassungen, geprägt von einer extrem konservativen Auslegung des Islams und des *Pashtunwali* (Stammesgesetzbuch der Paschtunen). Die von Paschtunen dominierten ländlichen Gebiete erfuhren dadurch keine wesentlichen Veränderungen in ihrem Leben. Nachdem die Taliban etwa drei Viertel des Landes mit Unterstützung der Bevölkerung mehr oder weniger gewaltlos hatten erobern können, sahen sie sich im Norden allerdings mit erheblicher Gegenwehr konfrontiert. Zum einen leisteten die städtischen, gebildeten Eliten bzw. Nicht-Paschtunen der Machtübernahme durch die Taliban Widerstand, zum anderen waren Teile des Nordens kontrolliert vom Usbeken-Warlord Rashid Dostum und dem Tadschiken Ahmad Shah Massoud, die vor dem Hintergrund des Vormarsches der Taliban gemeinsam mit dem geschwächten Rabbani die Gründung einer Anti-Taliban-Koalition beschlossen – die so genannte „Nordallianz".[51] Es kam zu Kämpfen gegen die Taliban bei ihrer Eroberung von Dschalalabad und Kabul 1996 sowie beim Kampf um Mazar-i-Scharif 1997 und um Taloquan im September 2000. Alleine infolge des Kampfes um Kabul flohen 100.000 Bewohner, im Falle Mazar-i-Scharifs waren es 20.000. 1999 wurde die Zahl der Flüchtlinge auf 100.000 geschätzt, die aus Angst vor Krieg oder ethnischer Verfolgung nach Pakistan geflohen waren (vgl. Marsden 1999). Im Jahr 2000 flohen schätzungsweise 170.000 Afghanen nach Pakistan[52] und bis Mitte 2001 waren

---

50 Der Kern der Taliban bestand aus 2.000 bis 3.000 Kombattanten, Zahlen nach 1995 sprechen von 6.000 bis 8.000 Kämpfern. Als Antiregierungskräfte hinzu kamen Warlord-, Stammes- und andere einheimische Kämpfer mit einer Stärke von etwa 20.000 bis 25.000 Mann sowie etwa 8.000 bis 12.000 ausländische Militärs, v.a. Pakistanis, Tschetschenen und Usbeken. In der einschlägigen Literatur klaffen die Zahlen teilweise stark auseinander (vgl. Davis 1998: 43-71; Ghufran 2001: 469; Jane's Defence 2001; Matinuddin 2002: 60-100, 197-200; Rashid 2000: 17-80, 95-104; Saikal 2004: 221).

51 Die „Nationale Islamische Vereinigte Front zur Rettung Afghanistans" bzw. Nordallianz wurde von Rabbani geleitet, die wirkliche Macht lag aber bei Militärführer Massoud. Die Allianz erhielt zu dieser Zeit v.a. von Russland und Iran Unterstützung. Die Mitglieder der Front wechselten von Zeit zu Zeit, beinhalteten jedoch v.a. die *Islamische Gemeinschaft* unter Rabbani, die schiitische *Islamische Einheitspartei* sowie die schiitische *Islamische Bewegung*, die *Nationale Islamische Bewegung* unter Rashid Dostum und die *Islamische Union für die Befreiung Afghanistans* unter Abdul Rasul Sayyaf.

52 Infolge dieses Flüchtlingsstroms schloss Pakistan im November 2000 seine Grenzen zu Afghanistan; zum einen, weil es mit der großen Zahl der Flüchtlinge überfordert war,

etwa 500.000 Afghanen Vertriebene in ihrem eigenen Land. Sie hielten sich vor allem in Nord- und Zentralafghanistan auf (vgl. Marsden/Turton 2002: 13).

In den 1990er Jahren verliefen also afghanische Flucht- und Rückkehrbewegungen gleichzeitig und widersprüchlich. Bis Mitte 1997 kehrten etwa 2,61 Millionen Flüchtlinge aus Pakistan und 1,33 Millionen aus dem Iran zurück. Etwa 1,2 Millionen blieben in Pakistan, 1,4 Millionen im Iran. Beschlüsse und Maßnahmen des UNHCR und des *World Food Programme* (WFP), die Nahrungsmittelhilfe Ende 1995 in Pakistan und Iran einzustellen, hatten dabei auch eine Rolle gespielt.[53] Die Organisationen hatten zunehmend Schwierigkeiten, ihre Aktivitäten zu finanzieren, und waren immer stärker mit Diebstählen und Bedrohungen durch lokale Warlords konfrontiert. Als offizieller Grund für die Einstellung der Hilfe wurde indes angegeben, die Afghanen seien nun unabhängig genug bzw. könnten es werden (vgl. Ruiz 2002: 9).

Als sich die Kämpfe zwischen den Taliban und der Nord-Allianz im Sommer 2001 verstärkten und zugleich eine Dürrewelle das Land heimsuchte, schnellte die Zahl der Vertriebenen innerhalb des Landes von 316.000 im Februar 2001 auf etwa 900.000 hoch, weitere 4 bis 5 Millionen Afghanen waren Flüchtlinge, einige von ihnen bereits seit zwanzig Jahren (vgl. Global IDP Project 2002: 46; Poppelwell 2002: 16).[54]

Der mehr als zwei Jahrzehnte währende Bürgerkrieg sowie politische Tumulte schwächten die Regierungsorganisationen und die Rechtsstaatlichkeit, so dass die Afghanen aufgrund politischer Instabilität unter konstanter Unsicherheit litten. Krieg, Gewalt und Unsicherheit werden daher generell als Hauptgründe für die Migrationsbewegungen innerhalb und aus Afghanistan genannt (vgl.

---

zum anderen auch aus Frustration über die ausbleibende Hilfe der internationalen Gemeinschaft nach dem Rückzug der Sowjets (vgl. Marsden/Turton 2002: 16; Ruiz 2002: 13). Auch wenn die Grenze porös war, war eine Einwanderung nach Pakistan ab diesem Zeitpunkt sehr viel problematischer.

53   Allerdings war die Nahrungsmittelhilfe im Iran aus den vorgenannten Gründen eher gering gewesen, und das Ausbleiben stellte damit kein so großes Problem da, wie dies in Pakistan der Fall war.

54   Die kleinste Zahl von 3,8 Millionen afghanischen Flüchtlingen (vgl. UNHCR 2005a: 231) wird von vielen Autoren benutzt, widerspricht allerdings den späteren Angaben zu den Rückkehrerzahlen, die deutlich höher sind als 3,8 Millionen. Eine Zahl von 5,54 Millionen ergibt sich aus einem Schaubild des UNHCR über Vertreibungen innerhalb und Rückkehrbewegungen nach Afghanistan zwischen 2002 und 2004. Demzufolge kamen 2,4 Millionen Flüchtlinge bis Ende 2004 aus Pakistan nach Afghanistan zurück, 960.000 Flüchtlinge verblieben in Pakistan (demzufolge müssen sich dort zuvor knapp 3,4 Millionen Flüchtlinge aufgehalten haben), 1,2 Millionen Flüchtlinge kehrten aus dem Iran zurück, 953.000 Flüchtlinge blieben dort (= 2,15 Millionen), aus Tadschikistan kamen 12.000 Afghanen zurück (vgl. UNHCR 2005b). Allerdings sind auch diese Zahlen mit einem Fragezeichen zu versehen: Es gab viele Migranten, die quasi pendelten.

Monsutti 2006: 23). Jedoch gab es eine Reihe weiterer Motive. Nach der Vertreibung der Sowjets waren die Bewässerungsanlagen und ein Großteil der Transportinfrastruktur sowie viele Bauernhöfe zerstört. Es herrschte großer Wassermangel und die Landwirtschaft brach zusammen. Erst nach der Intervention der USA und verbündeter Truppen im Oktober 2001 und durch die Präsenz internationaler Hilfsorganisationen, die sich um den Wiederaufbau bemühten, verbesserte sich die Situation in Afghanistan in einem bestimmten Maße wieder.

Ein weiterer Faktor war die Anziehungskraft, die – wie schon früher – von den Nachbarstaaten Iran und Pakistan aufgrund ihres Wirtschaftswachstums und der besseren Arbeitsmöglichkeiten ausging. Außerdem zeichnete sich die afghanische Bevölkerung durch ein starkes Wachstum aus,[55] so dass auch aus diesem Grund Arbeit außerhalb Afghanistans gesucht wurde. Hinzu kamen persönliche Gründe wie etwa bei jungen Männern die Angst, zum Militär eingezogen zu werden (vgl. Connor 1987; Monsutti 2006: 23-27). Darüber hinaus weist Monsutti (2006) auf den Faktor „Migration als Lebensweg" hin: Für viele Afghanen – unabhängig davon, ob sie vom Land oder aus der Stadt kommen – ist Migration eine Art *way of life* geworden. Für junge Männer gilt die Arbeitsmigration in den Iran als eine Art Ritual auf dem Weg, erwachsen zu werden, wenn sie mit einigem Ersparten, z.B. für den Brautpreis, zurückkehren. Pakistan war darüber hinaus als Migrationsziel attraktiv, weil UN- und Nichtregierungsorganisationen mit ihren jeweiligen sozialen Unterstützungsleistungen (Lebensmittel, Gesundheitsversorgung etc.) präsent waren. Auch politische Motive spielten eine Rolle, nämlich die Möglichkeit, sich in den Flüchtlingscamps auf den Jihad vorzubereiten bzw. an ihm teilzunehmen. Iran zog im Gegensatz dazu Afghanen viel mehr aufgrund seiner Arbeitsmöglichkeiten an, die den Flüchtlingen einen gewissen Grad an Autonomie gewährten. Entsprechend war die Lebenssituation der in Pakistan bzw. im Iran lebenden afghanischen Flüchtlinge sehr unterschiedlich. Außerdem gab es eine Art „Bildungsmigration": Pakistan bot Afghanen Möglichkeiten, sich in entsprechenden Einrichtungen weiterzubilden, während Teile der afghanischen Oberschicht ihre Kinder zum Studieren eher in den Iran schickten. Paschtunen zog es allerdings wegen religiöser und ethnischer Bindungen ohnehin stärker nach Pakistan.

---

55   Zwischen 1975 und 2005 verdoppelte sich die Bevölkerung nahezu von 13,3 Millionen auf 25,1 Millionen (vgl. UN Population Division 2006).

3.2 Fluchtbewegungen infolge der Intervention der USA

Nach den Terroranschlägen in New York und Washington und dem folgenden Beschluss der Bush-Administration, in Afghanistan zu intervenieren, verschlechterte sich die Lage in dem zentralasiatischen Land im Hinblick auf die humanitären Umstände und die Flüchtlingssituation erheblich. Der Sympathiebonus, den Washington nach den Terroranschlägen am 11. September 2001 genoss, hielt den Protest in diversen europäischen Staaten gegen dieses Vorhaben gering. Als sich bald nach Kriegsbeginn am 7. Oktober aufgrund des von den USA unterstützten Vormarschs der „Nordallianz" deren Machtübernahme in Kabul abzeichnete, ergänzte das Weiße Haus die Begründung, mit der Intervention die Täter von „9/11" stellen und sich gegen weitere Angriffe schützen zu wollen. Es gehe auch um einen notwendigen Akt humanitärer Intervention, um die repressive Regierung der Taliban abzusetzen. Die *Operation Enduring Freedom* (OEF) werde durch „chirurgische Schläge" einen Regimewechsel herbeiführen helfen; zivile Opfer werde es aufgrund des Einsatzes modernster Kriegstechnologie kaum geben. Die Realität sah dann jedoch ganz anders aus. Die Zahl der direkten, d.h. durch Bombeneinschläge getroffenen, Zivilopfer überstieg deutlich die Zahl der Opfer der NATO-Intervention im Kosovo.[56] Wie viele indirekte Opfer, also von Begleiterscheinungen und Folgen der Intervention Betroffene, es gab, ist allerdings nur schwer zu bemessen.

Die Zahl der „direkten" Opfer der Intervention betrug mindestens 1.300 Menschen für den Zeitraum vom Kriegsbeginn am 7. Oktober 2001 bis zum 2. Januar 2002 (vgl. Conetta 2002b).[57] Diese Zahl wurde von vielen Stellen als untertrieben bezeichnet: So schätzen *Mèdecins Sans Frontières* auf Basis von Berichten aus Krankenhäusern und von NGOs die Zahl der Zivilopfer für den gleichen Zeitraum auf 2.000 bis 3.000 (vgl. Traynor 2002). Die meisten afghanischen Zivilisten starben dort, wo die Kämpfe und Bombardierungen am intensivsten waren: Dies betraf insbesondere den Kampf um Kabul im November 2001 und den Angriff auf die Tora-Bora-Höhlen im Dezember. Die meisten

---

56 Die Gründe dafür lagen laut Carl Conetta in den Zielen der OEF, in operationellen und taktischen Charakteristika der Kriegführung sowie in der Mischung und den technischen Eigenschaften der benutzten Waffen (z.B. Streubomben; vgl. Conetta 2002b; Grobe-Hagel 2002).

57 Carl Conetta, Direktor des *Project for Defence Alternatives* am Commonwealth Institute in Massachusetts, benutzte für seine Evaluation ausschließlich westliche Medien, v.a. *Reuters, Associated Press* und *Agence France Presse* sowie BBC, *The Independent, The Times* und *The Guardian*. Hierbei interpretierte er Begriffe wie ‚einige' oder ‚einige wenige' als 1 Person, ein ‚Dutzend' als 3-4 Personen, ‚Dutzende' als 8-10 Personen, ‚eine große Zahl' interpretierte er als 10-15, ‚Hunderte' bedeutete 40-60 Personen. Wenn keine genaue Unterscheidung zwischen Toten und Verletzten vorgenommen wurde, nahm Conetta an, dass etwa 25 Prozent der angegebenen Gesamtzahl als getötet galten.

Fälle hierbei getöteter Zivilisten waren ein Resultat von „Fehlern" bei Bombardements aus der Luft. In einer Reihe von Fällen konnte das US-Militär offenbar nicht zwischen militärischen und zivilen Zielen unterscheiden; da die Taliban Unterstützung von der Bevölkerung erhielten, war dies wenig überraschend.

Zu der Zahl unmittelbarer Opfer sind die indirekten Opfer zu addieren. Die Mindestschätzung beträgt 10.000. Steele geht in Anlehnung an Conetta davon aus, dass zwischen 20.000 und 40.000 Menschen in Verbindung mit der *Operation Enduring Freedom* ums Leben kamen. Denn die Intervention bedingte zum einen eine massive Dislokation von Afghanen sowie eine Unterbrechung der für die dürregeplagten Afghanen lebensnotwendigen Hilfslieferungen. Drittens hob die Intervention die bestehende militärische Patt-Situation zwischen den Taliban und der Nord-Allianz auf und führte zu Kämpfen, die weitere Fluchtbewegungen mit den entsprechenden Folgen hervorriefen (vgl. Steele 2002).

Die Zahl der Flüchtlinge, die Afghanistan infolge der Intervention verließen, war allerdings sehr viel geringer, als die Schätzungen internationaler Organisationen hatten erwarten lassen.[58] Dies lag nicht zuletzt daran, dass Pakistan und Iran ihre Grenzübergänge zu Afghanistan geschlossen hatten. Pakistan und der Iran wiesen auf die bereits beträchtliche Zahl afghanischer Flüchtlinge in ihren Ländern hin und waren nicht bereit, weitere Lasten zu tragen.[59] Außerdem hatten die USA Pakistan nach dem 11. September 2001 ersucht, die Grenze zu Afghanistan als Sicherheitsmaßnahme zu schließen. Diese Vorkehrung traf, wie sich später herausstellte, weniger die Mitglieder von al-Qaida in Afghanistan; diese fanden Mittel und Wege, um die Grenze zu überqueren. Sie traf vor allem zivile Flüchtlinge, denen Asyl verwehrt wurde. So flohen nach dem Beginn der US-geführten Luftangriffe am 7. Oktober 2001 täglich „nur" zwischen 2.000 bis 3.000 Afghanen, zumeist mit Hilfe von Schmugglern, denen etwa 50 US-Dollar zu bezahlen waren (vgl. Krastev 2001; van Selm 2002: 16). Vom 11. September bis zum 29. Oktober überquerten 80.000 Afghanen die pakistanische Grenze; bis zum Ende des Jahres 2001 waren nicht mehr als 130.000 bis 200.000 Flüchtlinge zu verzeichnen.

Joanne van Selm verglich das Verhalten westlicher Staaten bezüglich der Grenzschließungen und der damit verbundenen Misere der afghanischen Flüchtlinge mit der Kosovo-Krise 1999. Als Ende März 1999 10.000 Flüchtlingen der Zugang zu Mazedonien verwehrt wurde, gingen bewegende Bilder von leidenden Kosovaren um die Welt. Ein Evakuierungsprogramm verhalf 96.000 Flücht-

---

58   So hatte etwa der UNHCR die Errichtung eines Camps für 300.000 bis 400.000 neue afghanische Flüchtlinge in Pakistan geplant.

59   Vgl. dazu Human Rights Watch (2002).

lingen ins sichere Ausland, ein humanitäres Transferprogramm überführte knapp 100.000 Kosovaren aus Mazedonien nach Albanien, wo ihnen ein längerer Aufenthalt gesichert war. Mazedonien wurde zudem gedrängt, seine Grenzen wieder zu öffnen, um eine humanitäre Krise zu vermeiden. Im Falle Afghanistans gab es nur wenige Bilder, die die Situation der Flüchtlinge an den Grenzen zu Pakistan und dem Iran dokumentierten (vgl. van Selm 2002: 17).

Ein Evakuierungsprogramm für Afghanen zogen westliche Staaten erst gar nicht in Erwägung. Besorgnisse hinsichtlich der inneren Sicherheit beeinflussten zunehmend die Einstellungen gegenüber Einwanderung und Asyl in westlichen Staaten, und die Terrorangriffe schürten Angst, unter afghanischen Asylsuchenden könnten Terroristen sein.[60] Im Jahr 2000 hatten die USA noch 72.500 Flüchtlinge aus verschiedenen Teilen der Welt aufgenommen. 2001 waren es 62.000 gewesen. Der Rückgang verstärkte sich in den Jahren 2002 und 2003, als jeweils nur noch knapp 30.000 aufgenommen wurden (vgl. UNHCR 2005a: 538). Das Flüchtlingsaufnahmeprogramm wurde komplett angehalten; auch 22.000 Afghanen, die bereits zur Umsiedlung in die USA zugelassen waren, durften nicht einreisen.[61] Großbritannien, Deutschland und Dänemark verabschiedeten Antiterrorismusgesetze, die die Rechte von Immigranten und Flüchtlingen beschnitten. Die herrschende Angst vor Terroristen traf aber gerade auch solche Flüchtlinge, die ernsthaft in einer Notlage waren.[62] Vor diesem Hintergrund sprach das *U.S. Committee for Refugees and Immigrants* (USCRI) schon kurz nach dem Regierungswechsel in Afghanistan davon, dass viele afghanische Flüchtlinge zurückkehrten, der Krieg gegen den Terrorismus aber die Misere der Flüchtlinge verstärkte, da er die USA und einige EU-Länder dazu veranlasste, die Zahl der aufzunehmenden Flüchtlinge stark zu senken (vgl. Donovan 2002).[63]

---

60   „Many governments have sought to modify existing asylum legislation and procedures, in order to be in a better position to detect the entry of persons who have comitted or who may be intending to commit terrorist acts", so der ehemalige Flüchtlingskommissar der Vereinten Nationen, Ruud Lubbers, der Verstöße gegen die GFK infolge der Terroranschläge anprangerte, weil sie Flüchtlinge erhöhten Gefahren aussetzten. „Certainly, if asylum seekers are summarily rejected at borders or points of entry, there is a risk that the refugees among them will be returned to persecution" (Lubbers 2003:1 f.).

61   Erst ab 2004 stieg die Zahl der von den USA aufgenommenen Flüchtlinge wieder an.

62   „We believe that it's terribly wrong to allow refugees to become collateral damage in our effort to protect ourselves", so die Direktorin des U.S. Committee for Refugees and Immigrants (USCRI), Lavinia Limon (vgl. Donovan 2002).

63   So sank bspw. die Zahl der von Deutschland anerkannten Flüchtlinge von 26.102 im Jahr 2001 um etwa 88 Prozent auf etwa 3.121 im Jahr 2005. In diesen Jahren gab es knapp 6.000 bzw. 711 afghanische Asylbewerber in Deutschland (vgl. UNHCR 2005a: 231, 324). In Dänemark nahm die Zahl der anerkannten Flüchtlinge von 5.732 im Jahr

Die Zahl der Flüchtlinge, die Afghanistan verließen, blieb im Hinblick auf diese Umstände also begrenzt. Im gleichen Zuge aber erhöhte sich die Zahl der Binnenvertriebenen. Allein die Drohung der USA nach dem 11. September 2001, in Afghanistan zu intervenieren, löste in der Bevölkerung eine Dynamik aus, die die Zahl der Binnenvertriebenen hochschnellen ließ. Dies galt insbesondere für die größeren Städte. Etwa ein Viertel der Bevölkerung Kabuls und die Hälfte Kandahars – Zentren der Taliban – flohen in die ländlichen Gebiete des Nordens und Westens, die Zahl der Binnenvertriebenen stieg von etwa 1 Million auf annähernd 2 Millionen (vgl. Cohen 2002: 23). Viele kehrten in den folgenden Wochen wieder zurück, flüchteten jedoch wiederum mit dem Beginn der Militärkampagne am 7. Oktober 2001, so dass es schwierig ist, eine verlässliche Zahl der im Zusammenhang mit dem 11. September und der folgenden Intervention geflohenen Binnenvertriebenen zu nennen.[64] Die Zahl der in Camps lebenden Binnenflüchtlinge wurde 2002 auf 200.000 bis 400.000 geschätzt (vgl. Conetta 2002a; Steele 2002). Die Bedingungen in diesen Lagern waren miserabel, nachdem internationale Hilfsleistungen nach Kriegsbeginn um 40 Prozent reduziert worden waren und auch danach – trotz eines gewissen Anstiegs – nur unzureichend verteilt wurden. Schon vor dem 11. September 2001 war Afghanistan – das Land mit der weltweit höchsten Kindersterblichkeitsrate und der niedrigsten Lebenserwartung –[65] extrem von internationaler Hilfe abhängig gewesen; die dreimonatige Unterbrechung von Zulieferungen während des Krieges intensivierte diese Probleme noch. In Gebieten mit einer an sich hohen Sterblichkeit z.B. aufgrund von Unterernährung stieg die Todesrate also infolge des Ausbleibens von Hilfsleistungen dramatisch an (vgl. Global IDP Project 2002: 80-98; Steele 2002).

2001 sukzessive auf 665 Flüchtlinge 2005 ab (vgl. UNHCR 2005a: 310). Die Zahl der anerkannten Flüchtlinge sank in Großbritannien im gleichen Zeitraum von knapp 53.000 auf knapp 12.000 Personen.

64   Die diesbezüglichen Angaben divergieren erheblich. Die UNO gab im Januar 2002 an, es gebe 1,2 Millionen Binnenvertriebene, von denen schätzungsweise die Hälfte nach dem 11. September 2001 geflohen sei (vgl. UN 2002: 43). Andere Daten sprechen von 1,16 bis 1,2 Millionen Binnenvertriebenen im Oktober 2001, unterscheiden dabei jedoch zwischen *internally displaced* und *internally stranded*. Letztere bezeichnen Personen, denen es aufgrund unterschiedlichster Ursachen nicht möglich ist, ihren Wohnort zu verlassen und anderswo Zuflucht zu suchen, die aber dennoch, in gleichem Maße wie Flüchtlinge und Binnenvertriebene, auf Versorgung angewiesen sind. Ihre Zahl wurde zu diesem Zeitpunkt auf 4,15 Millionen geschätzt (Global IDP Project 2002: 45 ff.). Die Angaben zu den *internally displaced* beinhalten nicht diejenigen Binnenvertriebenen, die mit dem Beginn der Militärkampagne flohen. Eine weitere Schwierigkeit besteht in der Unterscheidung zwischen Binnenflüchtlingen, die infolge der Dürreproblematik ihren Heimatort verließen, und solchen, die aus Gründen des militärischen Eingreifens flohen.

65   Die Kindersterblichkeitsrate liegt bei 157,4 auf 1000 Geburten; die Lebenserwartung bei der Geburt beträgt 43,8 Jahre (vgl. CIA World Factbook 2007a).

Die Zahl von Verstorbenen in Camps wurde von diversen Organisationen als Anhaltspunkt für die Berechnung der Zahl indirekter Opfer der US-Intervention genommen. Eine Zusammenfassung der durchschnittlichen Tode pro Monat bzw. der Gesamtzahl von Verstorbenen im Zeitraum von Mitte September 2001 bis Mitte Januar 2002 in den Camps ergab eine monatliche Todesrate von 400 bzw. eine Gesamtzahl von 1.600 Toten bei der angesetzten Mindestzahl von 200.000 Lagerflüchtlingen (vgl. Conetta 2002a; Stede 2000).[66] Auszugehen ist davon, dass die Binnenflüchtlinge außerhalb der Camps noch höhere Sterberaten aufwiesen. Aufgrund ihrer Zerstreuung im Land war es noch schwieriger, ihnen Nahrungsmittel zu liefern (vgl. Krastev 2001).[67]

Neben den Flüchtlingen und Binnenvertriebenen gab es aber auch noch etwa 5 bis 6 Millionen in extremer Armut lebende Afghanen, die nicht flüchteten, aber während der Bombardierungen keine Hilfsleistungen empfingen. Geht man von einer Sterberate dieser Gruppe in ähnlicher Höhe wie die der Binnenvertriebenen in Camps aus, so Steele, kommt man auf insgesamt fast 50.000 indirekte Opfer (vgl. Steele 2002). Freilich stellt sich die Frage, in welchem Ausmaß die USA als Hauptplaner und -durchführer der Intervention für die Zahl der Toten verantwortlich waren und wie viele Todesfälle es ohnehin gegeben hätte, da Afghanen auch vor der Intervention unter Dürrewellen und Armut zu leiden hatten. Da das Volumen der Hilfslieferungen um 40 Prozent im Oktober 2001 sank und auch im Anschluss nicht wieder stark erhöht wurde, können laut Steele annähernd 20.000 Opfer der Intervention zugeschrieben werden (vgl. Steele 2002).

Der dritte Effekt der *Operation Enduring Freedom* betraf die Destabilisierung Afghanistans im Zuge der Auflösung der Pattsituation zwischen den Taliban und der Nord-Allianz. Dem *Center for Strategic and International Studies* in Washington D.C. zufolge „hat sich die Sicherheitslage seit Beginn des Wiederaufbaus im Dezember 2001 eher verschlechtert", besonders seit dem Sommer 2003 (vgl. Frumin et al. 2005). Bis 2007 wurde in einem Drittel des Landes ein Zutrittsverbot für Mitarbeiter der UN ausgesprochen; diverse NGOs zogen sich zurück (vgl. Bello 2006). Die Lage entwickelte sich negativ – nicht nur, weil die Taliban und andere bewaffnete Gruppen der Opposition wieder an Stärke gewannen, sondern auch aufgrund der Defizite des implementierten neuen Herrschaftssystems. Das im September 2005 gewählte Parlament wird in größeren Teilen von diskreditierten Politikern und lokalen Warlords dominiert, von denen es vielen mithilfe von Einschüchterungsmaßnahmen und Be-

---

66   Diese Daten bezogen sich auf Camps nahe Herat, Kundus, und Mazar-i-Scharif, Amirbad, Baghe, Dasht-e-Arzana, Dehdadi, Maslakh, Nasarji und Sherkat.

67   „A worst case may be represented by 2.000 families in the central highlands who were suffering mortality rates in excess of 7,5 people per 1.000 per month" (Conetta 2002a).

trügereien gelang, sich oder Nahestehende in politische Institutionen zu manövrieren (vgl. HRW 2006a: 19). Die *de facto* von Washington eingesetzte Regierung von Hamid Karzai verfügt auch sechs Jahre nach der Vertreibung der Taliban außerhalb Kabuls über wenig Autorität. Der normative Konfliktstoff verschärft die Situation: Karzai ist dem Westen verpflichtet, liberale Werte wie Demokratie und Marktwirtschaft in seiner Politik geltend zu machen. Dem steht die konservativ-islamische Gesellschaftsmehrheit mit ihren vormodernen Einstellungen und Herrschaftsorientierungen entgegen. Außerdem gibt es einen Herrschaftskonflikt zwischen den Paschtunen im Süden und anderen ethnischen Gruppen im Norden des Landes. Dieser Zustand ruft zusätzliche innenpolitische Konflikte hervor.

Experten schätzen, dass Anfang 2008 zwischen einem Drittel und der Hälfte des afghanischen Territoriums unter der Kontrolle von Aufständischen[68] standen. Außerdem blieb der Aufbau der afghanischen Sicherheitskräfte weit hinter den Erwartungen zurück. Während zu diesem Zeitpunkt erst 33.000 afghanische Soldaten einsatzbereit waren (2010 sollen es 80.000 sein), galt das bis dato verfolgte Konzept des Aufbaus der afghanischen Polizei als gescheitert. Das hierfür zuständige Innenministerium gehöre „zu den korruptesten Einrichtungen im Lande" (Erhhart/Kaestner 2008: 3).

Darüber hinaus avancierte Afghanistan zu einem Drogenstaat. Unter den Taliban hatte sich der Mohnanbau erheblich verringert.[69] Seit ihrer Vertreibung nahm die Mohnproduktion wieder enorm zu. Ab 2004 wurden jährlich neue Rekordernten verzeichnet, 2007 deckte Afghanistan 93 Prozent der weltweiten Opiumproduktion (vgl. UNODC 2007: 8). Der Drogenhandel und mit ihm verbundene Tätigkeiten erwirtschafteten im Haushaltsjahr 2004/2005 geschätzte 2,7 Milliarden US-Dollar – eine Summe, die das offizielle Staatsbudget übertraf und knapp 45,8 Prozent des Bruttosozialprodukts Afghanistans ausmachte (vgl. Martin/

---

68 Mittlerweile wird auch von den so genannten „Neo-Taliban" gesprochen, da diese sich neu organisiert hätten und anders als früher dezentral agierten. Um nicht nur die ideologisch motivierten Widerstandskämpfer begrifflich zu erfassen, hat sich auch der Begriff „Oppositionelle Militante Kräfte" (OMK) etabliert, der darüber hinaus lokale Akteure ohne ideologische Ausrichtung, wie z.B. militante Drogenbarone, einschließt (Maaß 2007: 22).

69 Nach ihrer Machtübernahme boomte der Opiumanbau zunächst weiter: Hatte das Land 1995 noch 2.335 Tonnen Opium produziert, waren es 1999 4.564 Tonnen. Im Jahr 2001 wurde der Opiumanbau mit einem religiös begründeten Dekret verboten; in der Folge betrug im selben Jahr die Opiumproduktion nur noch 185 Tonnen. Der eigentliche Hintergrund für das Verbot wurde einerseits in dem Anliegen der Taliban gesehen, diplomatische Anerkennung zu erhalten, andererseits wurde vermutet, sie hätten durch die Einschränkung des Opiumanbaus den durch Produktionssteigerung provozierten Preisverfall für die Droge stoppen wollen, da sie selbst – ebenso wie ihre Gegner in der Nordallianz – vom Opiumverkauf profitierten (vgl. Farrel/Thorne 2005; Halbach 2004: 7; Jelsma 2005; Rubin 2004: 3).

Symanski 2006: 27 f.). Einem IRIN-Report zufolge wurden 2007 schätzungsweise bis zu 4 Milliarden US-Dollar im Drogengeschäft erzielt, was wiederum nahezu der Hälfte des afghanischen Bruttosozialproduktes entsprach (IRIN 2008a).

Wie das *United Nations Office of Drug and Crime* (UNODC) in Kabul mitteilte, nahm die Anbaufläche von Schlafmohn 2006 im Vergleich zum Jahr 2005 um 59 Prozent auf 165.000 Hektar zu. Trotz groß angelegter Vernichtung von Mohnfeldern wurden 6.100 Tonnen Rohopium geerntet. 2007 fiel die Ernte noch um 34 Prozent größer aus und betrug 8.200 Tonnen. Lediglich 10 Prozent der Anbaufläche konnte angesichts von Gewalt und Korruption zerstört werden (UNODC 2008b: 6). 2006 wurde der Anteil der Drogenökonomie am Bruttosozialprodukt auf 46 Prozent veranschlagt, für 2007 schon auf mehr als 50 Prozent (vgl. Kursawe 2007; Paasch 2006: 4).[70] 14,3 Prozent der Gesamtbevölkerung Afghanistans waren 2007 finanziell vom Opiumanbau abhängig (vgl. UNODC 2007: 10).[71]

Die Zahl der Drogenkonsumenten stagnierte den Einschätzungen zufolge auf hohem Niveau. Wie auch schon 2005 galten 2007 ca. 920.000 Afghanen als drogensüchtig, während für 2001 noch eine Zahl von 500.000 Drogenkonsumenten angenommen worden war (UNODC 2005).[72] Auch der Cannabisanbau in Afghanistan hat an Bedeutung gewonnen: 2007 wurde auf einer Fläche von 70.000 ha Land in 18 der 32 Provinzen Cannabis angebaut, im Vergleich zu 50.000 ha 2006 und 30.000 ha 2005. Ein Großteil dieses Anbaus wurde zu Haschisch verarbeitet, womit Afghanistan 2007 der größte Produzent in Süd-West-Asien war. Auf 520.000 wird die Zahl der Haschisch-Konsumenten in Afghanistan geschätzt. Auch hier ist der Anteil der männlichen Konsumenten

---

70 2007 wurde zwar in diversen Provinzen weniger Mohn angebaut, dafür aber nahm die Anbaufläche insgesamt weiter zu. Sie wuchs im Vergleich zum Vorjahr um 17 Prozent auf 193.000 ha und erreichte ein neues Allzeithoch (UNODC 2008a: 1; UNODC 2008b: 6). Hieraus schlussfolgerte der UNHCR, der Opiumanbau sei eine Funktion von Sicherheit; denn während die Produktion im Süden zunahm, habe sie unter günstigeren Bedingungen im Norden zurückgedrängt werden können (UNODC 2008c: 10).

71 Schätzungsweise waren 2007 509.000 Familien im Opiumanbau involviert, im Jahr 2006 hatten sich die Schätzungen noch auf 448.000 Familien belaufen. Bei einem Mittelwert von sechs bis sieben Mitgliedern pro Familie waren also etwa 3,3 Millionen Einwohner an der Opiumindustrie beteiligt (vgl. UNODC 2007: 10).

72 2007 betrug der Anteil der Drogenkonsumenten an der Gesamtbevölkerung 4 Prozent (2005 waren es noch 3,8 Prozent gewesen), während der Anteil an der erwachsenen Bevölkerung bei 8 Prozent lag. Auch der Opiatkonsum erreichte einen verhältnismäßig hohen Anteil: 2 Prozent der Erwachsenen konsumierten Opiate. Mit 87 Prozent war der Anteil der männlichen Opiumkonsumenten ungleich höher als der der weiblichen Bevölkerung. Auch 93 Prozent aller Heroinkonsumenten waren Männer (UNODC 2008b: 6).

deutlich höher (UNODC 2008b: 6f.). Angesichts der immensen Agrarflächen, die für die Drogengewinnung genutzt werden, ist außerdem zu erwähnen, dass nach Angaben der UN nahezu ein Drittel der afghanischen Bevölkerung eine sichere Nahrungsmittelversorgung entbehrt (HRW 2008).

Auch Regierungsbeamte und Parlamentsabgeordnete waren und sind offenkundig an Drogengeschäften beteiligt (vgl. Shaw 2006).[73] Die Drogenökonomie sichert einem bedeutenden Teil der Bevölkerung das Leben: Drogenbarone zahlen den Opiumbauern vergleichsweise hohe Summen für die Opiumproduktion, so dass sich für diese ein Anbau alternativer Kulturen – wie er in entsprechenden *Alternative Livelihood*-Programmen propagiert wird - weniger lohnt (vgl. Kursawe 2007).[74] Drogenbarone und Kriegsfürsten selbst erzielen durch die Organisation des Rauschgifthandels erheblich höhere Einkünfte, durch die sie – unter Zuhilfenahme von Bestechung, Erpressung und Gewalt, aber auch über die Einrichtung sozialer Netzwerke und die Organisation von Unterstützungsleistungen für die Bevölkerung – ihre Machtzentren in den Provinzen zementieren. Ihre Überlebensbedingung ist ein schwacher Staat.[75] Dieser Mechanismus stellt eine zusätzliche Bedrohung für die Stabilität des Landes dar, denn er unterminiert Rechtsstaatlichkeit und staatliche Autorität.[76] Verstärkt wird die Problematik dadurch, dass die mittlerweile erstarkten Taliban mehr und

---

73 Afghanische Regierungsbeamte gelten in bis zu 70 Prozent des Rauschmittelverkehrs verwickelt, einem Viertel der 249 Parlamentarier werden Kontakte zum Drogenhandel nachgesagt (vgl. Bello 2006). Der stellvertretende Vorsitzende der unabhängigen Menschenrechtskommission Afghanistans gab an, dass 2005 80 Prozent der Gewählten in den Provinzen und 60 Prozent der Kandidaten in Kabul Kontakte zu bewaffneten Gruppen hätten (Wilder 2005: 14). Einer Studie der *Afghanistan Research and Evaluation Unit* (AREU) zufolge wurden 2005 17 Drogenhändler ins Parlament gewählt. Weiterhin gelten 40 Parlamentarier als verbunden mit bewaffneten Gruppen, 24 Mitglieder sollen kriminellen Gruppierungen angehören und 19 Abgeordnete sind wegen Kriegsverbrechen und Menschenrechtsverletzungen angeklagt. Allerdings ist anzumerken, dass aufgrund der weit verzweigten Familienstrukturen fast jeder Afghane in irgendeiner Weise Teil der Drogenökonomie ist.

74 Laut CARE kann ein Opiumbauer pro Jahr etwa 3.900 US-Dollar verdienen, während andere Produkte nur etwa ein Viertel dieses Betrages einbrächten (vgl. CARE 2004: 6).

75 Wobei anzumerken ist, dass einige Autoren die Darstellung, der Drogenhandel würde von Warlords und Drogenbaronen betrieben, die sich auf diese Weise Macht verschafften, als der Komplexität der Situation nicht mehr angemessen betrachten. Der Drogenhandel sei seit 2003 vermehrt zum Gegenstand organisierter Kriminalität geworden, die längst die „Unterwelt" verlassen habe und im Rahmen von Patronagesystemen auf allen Ebenen des Staates agiere (vgl. Shaw 2006).

76 Einige der Warlords und Drogenbarone verfügen über Privatarmeen. 2007 gab es schätzungsweise 100.000 bis 120.000 Privatmilizionäre, die der sich im Aufbau befindlichen nationalen Armee mit einer Stärke von 57.000 Soldaten gegenüberstanden (Stand: Dezember 2007; vgl. Shalizi 2007). Bis März 2008 soll die Stärke der Armee dem Petersberg-Abkommen zufolge 70.000 Soldaten betragen.

mehr mit kriminellen Netzwerken kooperieren, die ihre politischen und militärischen Aktivitäten im Austausch für „Schutz" durch die „Gotteskrieger" unterstützen.[77]

Ebenso wie der organisierte Drogenhandel haben die allgemein wachsende Kriminalität und Selbstmordattentate, die insbesondere seit dem Frühjahr 2006 zugenommen haben, Auswirkungen auf die physische Sicherheit der Bevölkerung. Zwischen Januar und Juli 2006 gab es 202 Attacken auf Schulen in 27 Provinzen. Von Januar bis August 2006 wurden darüber hinaus 224 Bombenattentate verübt, im Vergleich zu 147 für das ganze Jahr 2004. Die Zahl der Raketenangriffe stieg im gleichen Zeitraum von 196 auf 265 (vgl. ICG 2006b: 6).

2006 wurden 749 Anschläge verzeichnet, eine Erhöhung um 50 Prozent im Vergleich zum Vorjahr (vgl. FAZ 2007).[78] 2007 stieg diese Zahl auf 1127 (FAZ 2008a).[79] Nach Angaben der Vereinten Nationen kam es 2007 zu durchschnittlich 566 Zwischenfällen pro Monat, im Vergleich zu 425 in 2006 (DW 2008). 2007 wurden mehr als 140 Selbstmordanschläge gezählt – zehnmal soviel wie 2004 (TAS 2008).[80]

Die physische Bedrohung wird potenziert durch die mangelnde soziale bzw. ökonomische Sicherheit, denn bisher ist es nicht gelungen, funktionsfähige Institutionen zu schaffen, die die notwendigen staatlichen Dienstleistungen erbringen. Staatliche Strukturen sind in Afghanistan erst kürzlich wieder etabliert worden – wesentlich von außen induziert – und Sicherheit genießt eine höhere Wertigkeit als potenziell destabilisierende Anstrengungen, Demokratie oder politische Öffnung zu fördern. In diesem Kontext haben sich Strukturen eines Rentier-Staates entwickelt, der angesichts substaatlicher Sicherheitsbedrohungen in hohem Maße auf äußere Hilfe angewiesen ist (vgl. Kühn 2008).

---

77 Vgl. zu Patronagenetzwerken in Afghanistan Shaw (2006).

78 „2006 deutlich mehr Terroranschläge", in: FAZ, 02.05.2007, S.2.

79 „Terrorbericht veröffentlicht: Al Quaida bleibt größte terroristische Bedrohung", in: FAZ, Internetausgabe vom 01.05.2008.

80 Laut Ehrhart/Kaestner waren im Jahr 2005 17 Selbstmordattentate gezählt worden. 2006 waren es schon 123 und 2007 131 (Ehrhart/Kaestner 2008: 3). Das *Institut für Friedensforschung und Sicherheitspolitik an der Universität Hamburg* (IFSH) spricht von einer Steigerung „sicherheitsrelevanter Ereignisse" von ca. 2600 in 2006 auf ca. 4000 in 2007 (Ehrhart/Kaestner 2008:3). Im November 2007 kam es zum bis dato schwersten Anschlag. Bei einer Feier in der nordöstlichen Provinz Baghlan kamen 79 Menschen ums Leben, darunter viele Kinder und Politiker (Koelbl/Szandar 2008). Im Juni 2008 belegte ein spektakulärer Angriff der Taliban auf ein Gefängnis in Kandahar die Dramatik der Sicherheitslage. Mehrere Hundert Kriminelle und Aufständische wurden bei der Aktion befreit („Taliban stürmen Gefängnis von Kandahar", FAZ 2008b, Internetausgabe vom 13.06.2008).

Ausgenommen einige städtische Prosperitätsinseln, ist die Wirtschaft nach wie vor stark beeinträchtigt und die meisten Produktions- und Konsumgüter werden importiert. Die Arbeitslosenrate beträgt 70 Prozent, im Süden und Osten des Landes sogar 90 Prozent.

Im Ergebnis dieser Entwicklung war 2007 eine hohe Zahl kriegs- und konfliktbedingter Todesopfer zu verzeichnen: 8000 Zivilisten und Militärangehörige starben (TAS 2008).[81] Von diesen Konflikten waren insbesondere ab 2006 auch vermehrt Angehörige ausländischen Militärs und nach wie vor tätiger internationaler NGOs betroffen. Ein Bericht von CARE und ANSO hatte bereits im Mai 2005 festgestellt, dass die Rate von NGO-Todesopfern in Afghanistan höher sei als die in nahezu allen anderen Konflikt- oder Post-Konfliktregionen (vgl. ANSO/CARE 2005).[82] Die Sicherheitslage in Afghanistan verschärfte sich bis 2007 derart, dass fast ein Drittel des Landes „No-Go-Areas" für Mitarbeiter internationaler Hilfsorganisationen darstellte.[83] Laut ANSO kamen 2007 fünfzehn NGO-Mitarbeiter ums Leben, allein im ersten Quartal 2008 neun (TAS 2008). Darüber hinaus häufen sich Entführungen. Während es 2007 88 Entführungen gab, verdoppelte sich die Zahl der Entführungen zwischen Januar und März 2008 jeden Monat (TAS 2008).

In der Folge der anhaltenden Gewalt gegen Helfer wurden seit 2006 mindestens 36 medizinische Einrichtungen in den südlichen und östlichen Provinzen geschlossen. Betroffen und von der medizinischen Versorgung abgeschnitten waren damit laut IRIN über 360.000 Menschen in Helmand, Kandahar, Farah, Zabul und Paktika (IRIN 2008d). Um solchen Entwicklungen entgegenzuwirken, werden verstärkt militärische Operationen durchgeführt, die allerdings wiederum negative Auswirkungen auf die Flüchtlingssituation zeitigen. So begann am 28. April 2008 eine größere Militäroperation im Distrikt Garmsir in Helmsland, an der etwa 2.400 US-Marines beteiligt waren. Mehr als 6.000 Familien (etwa 30.000 Personen) befanden sich laut IRIN nach Beginn des Einsatzes auf der Flucht (IRIN 2008c).

---

81 „Anschlag auf Karzai: Polizisten beteiligt", in: Tagesspiegel, Internetausgabe vom 29.04.2008.

82 Allein im Juni 2006 wurden 24 NGO-Mitarbeiter getötet, im Jahr 2005 waren es insgesamt 31 gewesen, wobei auch dies eine Erhöhung im Vergleich zu den Jahren 2003 und 2004 darstellte, als 12 bzw. 24 Mitarbeiter internationaler Hilfsagenturen ums Leben gekommen waren (vgl. HRW 2006a).

83 Schon 2004 wurde die Lage so beschrieben: „Afghanistan ist von Stabilität jedoch so weit entfernt wie die Erde vom Mars. Terror, Raubüberfälle, Vergewaltigung und Mord sind an der Tagesordnung. Selbst in der Hauptstadt Kabul werden täglich Menschen umgebracht. In den umliegenden Orten müssen die Bewohner Nachtwachen aufstellen. Niemand traut sich, wegen der massenhaften Übergriffe zur Polizei zu gehen, um eine Anzeige zu erstatten; häufig stecken Polizisten mit den Dieben unter einer Decke" (Baraki 2004).

Auch die ausländischen Streitkräfte erleiden immer höhere Verluste. Waren es 2005 130 Personen, so stieg die Zahl 2006 auf 191 und 2007 auf 232. Bis zum 07. Juli 2008 zählte die Organisation iCasualties bereits weitere 127 Todesopfer der *Operation Enduring Freedom* (iCasualties 2008).

Dem Bericht eines Sondergesandten der Menschenrechtskommission der Vereinten Nationen zufolge kam es von Januar bis April 2008 zu einer großen Zahl ziviler Opfer durch „außergerichtliche Tötungen". Mehrere Hundert Zivilisten seien Übergriffen der afghanischen Polizei, Milizen, internationaler Streitkräfte, ausländischer Geheimdienste und der Taliban zum Opfer gefallen (IRIN 2008b).

Daraus lässt sich schließen, dass die Intervention – abgesehen von politischen Implikationen – nicht nur ihre humanitären Ziele verfehlt hat. Vielmehr hat sie die humanitäre Situation in Afghanistan noch verschlechtert.[84] Die Verschlechterung der politischen und ökonomischen Bedingungen sowie der Sicherheitslage in Afghanistan dokumentiert der *Failed State Index*, in dem Afghanistan 2007 Platz 8 belegte, nachdem es in den Jahren 2006 und 2005 noch Platz 10 bzw. Platz 11 eingenommen hatte (vgl. FfP 2005, FfP 2006, FfP 2007).[85]

Zwar verweist die Bundesregierung auf ihrer Homepage auf eine sozialwissenschaftliche Studie der Freien Universität Berlin in Afghanistan, wonach eine deutliche Mehrheit der befragten Afghanen im ersten Halbjahr 2007 angab, dass sich die Sicherheitslage verbessert und der Einsatz ausländischer Truppen die Sicherheitssituation positiv verändert hätten (Bundesregierung 2008).[86] Der Beschluss der Bundesregierung im Frühjahr 2008, im Norden Afghanistans auch

---

84 Dafür waren freilich nicht nur die Intervention bzw. die Interventen selbst verantwortlich. *Human Rights Watch* wies auf das anschließende „Versagen der internationalen Gemeinschaft" hin, Afghanistan in finanziellen, politischen und sicherheitspolitischen Angelegenheiten angemessen zu unterstützen. Das habe ein Machtvakuum hervorgerufen: „Where the United States and its allies failed to tread, abusive forces inimical to the well-being of the Afghan people have rushed in" (HRW 2006a: 13).

85 Der Begriff *failed state* bezeichnet keine genau zu definierende bzw. zu klassifizierende Situation, sondern dient vielmehr als ein breites Label für ein Phänomen, das auf vielfältige Weise interpretiert werden kann. Klassisch können bei der Beurteilung des Zustandes eines Staates die beiden Elemente Staatsgebiet und Staatsgewalt, die neben dem Element des Staatsvolks dem Völkerrecht zufolge einen Staat definieren, unterstellt werden. In einem *failed state* ist demnach zwar nicht unbedingt die territoriale Souveränität in Frage gestellt (was allerdings im Irak zusätzlich der Fall ist), die Gebietshoheit jedoch liegt meist nicht mehr effektiv in den Händen des Staates (vgl. Thürer 1999).

86 „'Sicherer als früher': Meinungsbild der Menschen in Afghanistan", Bundesregierung 2008a, 06.02.2008.

Kampftruppen („Quick Reaction Force")[87] bereitzustellen, sowie die im Sommer 2008 forcierte Diskussion über eine Erhöhung der Einsatzobergrenze um mindestens 1.000 Soldaten deuteten eher auf das Gegenteil.[88] 250 zusätzliche Panzergrenadiere sollten ab dem 1. Juli 2008 auch für „offensive Operationen" verfügbar sein (Rose 2008).[89]

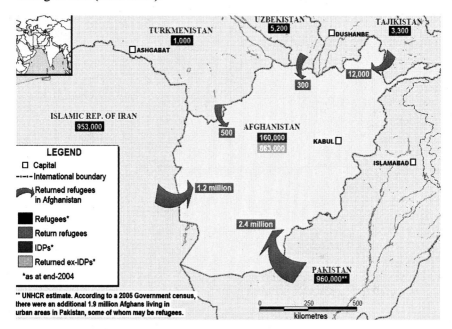

Abbildung 2: Vertreibung und Rückkehr afghanischer Flüchtlinge und Binnenvertriebener 2002-2004
Quelle: UNHCR
(http://www.unhcr.org/publ/PUBL/441687da0.pdf; letzter Zugriff: 04.06.2008)

---

87 „Schnelle Eingreiftruppe der Bundeswehr in Afghanistan", Bundesregierung 2008b, 06.02.2008.

88 „Engagement in Afghanistan verstärken", Bundesregierung 2008c, 24.06.2008.

89 Abgesehen von völkerrechtlichen Problemen dort, wo es zu einer Vermischung von ISAF- und OEF-Einsätzen kommt, wird von Kritikern auf die mit Blick auf die beabsichtigten Ziele von ISAF kontraproduktive Konsequenzen der *Operation Enduring Freedom* verwiesen. Das „robuste" militärische Vorgehen im Rahmen von OEF bewirke eine Entfremdung der afghanischen Bevölkerung. Die Einsatzkräfte im Kampf gegen den Terrorismus würden als Besatzungstruppen wahrgenommen. Die unklare Grenzziehung zwischen OEF und ISAF stelle die Glaubwürdigkeit der letzteren in Frage und setze gewonnenes Vertrauen aufs Spiel (Maaß 2007: 6).

3.3 Rückkehr und Wiederaufbau

Gleich nach dem Sturz der Taliban kamen viele Afghanen, die meisten von ihnen ethnische Tadschiken und Hazara, aus dem Iran zurück nach West-afghanistan. Der UNHCR hatte angesichts der speziellen Umstände in Afgha-nistan gar nicht mit einer massiven Rückkehrwelle gerechnet. Viele Afghanen hätten in den vorangegangenen zwanzig Jahren zu viele Machtwechsel gesehen, um sich in ihrer Heimat sicher zu fühlen, wurde argumentiert. Zudem hätten viele längst Wurzeln in den Aufnahmeländern gefasst (vgl. McMahon 2001; RFE/RL am 3. März 2007). Tatsächlich aber führte der Fall der Taliban im Jahr 2002 zur größten Rückführung von Flüchtlingen seit Jahrzehnten: Mehr als 2 Millionen kehrten in diesem Jahr in ihre Heimat zurück. Die Zahl der Rück-kehrer war damit doppelt so hoch wie vom UNHCR erwartet. Die vom UNHCR unterstützte Rückführung von Afghanen aus Pakistan und dem Iran begann am 1. März bzw. 6. April 2002. Für Ende 2002 gab der UNHCR in Kabul bekannt, er habe 1,56 Millionen afghanischen Flüchtlingen aus Pakistan bzw. 260.000 aus dem Iran geholfen, nach Afghanistan zurückzukehren. Hinzu kamen knapp 10.000 afghanische Flüchtlinge aus Tadschikistan. Zwischen November 2001 und März 2002 reisten zusätzlich etwa 300.000 bis 350.000 Afghanen ohne UNHCR-Hilfe zurück. Die Zahl der Rückkehrer in diesem Jahr war damit doppelt so hoch wie beim vorangegangenen Rückkehrrekord 1992, als 900.000 Afghanen in ihre Heimat zurückgekommen waren. Der größere Teil ging in die Heimatdörfer. Knapp 40 Prozent siedelten in Städten wie Kabul, Herat, Mazar, Kunduz und Kandahar (vgl. Krushelnycky 2002; UNHCR 2007a: 4 f.). Außer-dem gab es eine Zahl nicht registrierter Rückkehrer.

Ende 2002 waren laut UNHCR noch etwa 2,5 Millionen Afghanen in anderen Ländern verblieben, 1,1 Millionen von ihnen im Iran, 1,2 Millionen in Pakistan. Zum gleichen Zeitpunkt verzeichnete man noch 700.000 afghanische Binnen-vertriebene, nachdem der UNHCR und IOM etwa 250.000 Afghanen in ihre Heimatgebiete hatten zurückführen können. Weitere 200.000 kehrten selb-ständig nach Hause zurück (vgl. UNHCR 2005a: 231; USCRI 2003: 25).

Zwar galten diese Rückkehrerzahlen als beeindruckend; die Angaben spiegelten aber nur bedingt die wahren Verhältnisse wider. Das Problem waren die so genannten *Recycler*, die sich im *Voluntary Repatriation Centre* (VRC) im Asyl-land registrierten, die Grenze nach Afghanistan überquerten, um die finanzielle Unterstützung des UNHCR einzustreichen sowie Lebensmittel etc. zu bekommen, und anschließend über eine andere Route ins Asylland zurück-kehrten. Jede afghanische Familie, die aus Pakistan ausreisen wollte, erhielt anfänglich durchschnittlich 100 US-Dollar für die Rückreise und den Neuanfang in Afghanistan. Es ist unklar, wie viele *Recycler* und wie viele „wirkliche" Rückkehrer es gab. Geschätzt wird, dass 200.000 bis 500.000 Personen (also mindestens 20 Prozent der Antragsteller) *Recycler* waren (vgl. Marsden/Turton

3.3 Rückkehr und Wiederaufbau

2002: 20 f.). Die Zahl der UNHCR-Rückkehrer aus dem Iran war deutlich niedriger, was durch eine niedrigere Zahl von *Recyclern* bedingt gewesen sein könnte: Diese Praxis war hier weniger lukrativ, da die finanziellen Anreize kleiner ausfielen als die im Falle der Rückkehrer aus Pakistan, und weil es den Flüchtlingen im Iran im allgemeinen besser ging als jenen in Pakistan.[90]

Die Gesamtzahl der Rückkehrenden wurde zusätzlich dadurch aufgebauscht, dass die „Repatriierungsphase" zwischen April und Oktober 2002 mit der saisonalen Arbeitsmigration von Afghanen aus Pakistan nach Ost- und Zentralafghanistan, d.h. vor allem in die Nangarhar- und Kabul-Provinz, zusammenfiel: 60 Prozent aller Rückkehrer zwischen März und August 2002 gingen in diese Gebiete. Im Frühherbst reisen die Arbeitsmigranten aber auch immer zurück. Somit beinhaltete die Zahl der Rückkehrer auch diese Arbeitsmigranten (vgl. Marsden/Turton 2002: 19-24).

Gleichwohl war die Zahl der Rückkehrer erstaunlich, zumal die Bedingungen in Afghanistan v.a. im Hinblick auf die Sicherheitssituation und die wirtschaftliche Lage schon Ende 2002 alles andere als zuträglich waren. Als Rückkehrmotiv wurde vielfach genannt, dass viele Flüchtlinge schlichtweg exilmüde waren.[91] Als teilweise ausschlaggebend für die Rückkehrentscheidung konnten auch das Bonner Abkommen von 2001 und das Treffen in Tokio 2002 angesehen werden, die die Rekonstruktion Afghanistans und die Wiederherstellung von Frieden und Sicherheit durch internationale Präsenz verabredeten. In Bonn wurde vereinbart, 4,5 Milliarden US-Dollar mit der Einsetzung der UN-mandatierten *International Security Assistance Force* (ISAF) bereitzustellen. Anschließend schnellte die

---

90   Das UNHCR-Begleitpaket für afghanische Flüchtlinge aus Pakistan bestand aus Bargeld für Transport (etwa 10 bis 30 US-Dollar pro Person bzw. etwa 100 US-Dollar pro Familie), 150 kg Mehl, zwei Plastikplanen, zwei Benzinkanistern/Wassereimern, Kerosinlaterne, Seife, Kleidung, Matte, Werkzeug für die Konstruktion einer Hütte bzw. eines Obdachs. Die UNHCR-Hilfe für afghanische Flüchtlinge aus dem Iran bestand im Wesentlichen aus 10 US-Dollar pro Person, Transportkosten waren selbst zu tragen.

91   Die angegebenen Rückkehrmotive basierten auf Interviews, die David Turton und Peter Marsden 2002 im Auftrag der *Afghanistan Research and Evaluation Unit* mit Rückkehrern und potenziellen Rückkehrern geführt hatten (Marsden/ Turton 2002). In Interviews sagten afghanische Flüchtlinge zumeist, sie würden in ihre Heimat zurückgehen, sofern dort dringliche Probleme (v.a. Unsicherheit und Mangel an Arbeitsmöglichkeiten) gelöst wären. Allerdings kehrten auch viele nicht nach Afghanistan zurück. Diejenigen, die (noch) nicht zurückkehren wollten, "answered the question 'do you want to return?' in the same way that they might have answered the question 'do you want to go to heaven?' – 'yes, but not yet'" (Marsden/Turton 2002: 26). Es bestehe demnach eine Art nostalgischer Sehnsucht, die jedoch von rationalen Kalkulationen überwogen würde. Dies gelte insbesondere für solche Flüchtlinge, die schon während der Sowjetinvasion geflohen waren. Die Aussicht, dass sie zurückkehrten, veranschlagten Marsden/Turton als gering, da sie sich an ein anderes Leben gewöhnt und ihre Vorstellungen von Heimat im Zusammenhang mit ihren Erfahrungen im Exil verändert hätten.

Zahl der Rückkehrer nach oben. Die neue Karzai-Regierung rief die Flüchtlinge auf, zurückzukehren und das Land gemeinsam wieder aufzubauen. Symbolischen Wert hatte darüber hinaus die Rückkehr von König Zahir Shah.[92] Allerdings fühlten sich viele Rückkehrer vor Ort bald von der internationalen Gemeinschaft im Stich gelassen und falsch informiert, wobei partiell auch falsche Erwartungen eine Rolle spielten. Die Rückkehrer hatten wenig Ahnung von der genauen Höhe und Form der Hilfe sowie von der Dauer, die der Wiederaufbau in Anspruch nehmen würde (vgl. Marsden/Turton 2002).

Ein weiterer Rückkehrfaktor bestand in der zunehmenden Ungeduld der Regierungen Irans und Pakistans. Diese Staaten hatten sich zuvor fast immer hilfsbereit gegenüber Afghanen gezeigt. Zusammen mit den Spannungen nach dem 11. September 2001 entstand ein feindliches Klima gegenüber Migranten und Flüchtlingen, und es wurde in diesen Ländern schwieriger, eine Arbeit zu finden. In manchen Fällen führte dieses Klima gar zu Deportationen (vgl. HRW 2002; Marsden/Turton 2002: 25-31).

Im Jahr 2003 kehrten dann 640.000 Afghanen nach Hause zurück, etwa 475.000 von ihnen mit Hilfe des UNHCR − deutlich weniger als die knapp 1,8 Millionen des Vorjahres (vgl. UNHCR 2007a: 4). Als es in diesem Jahr zunehmend zu Anschlägen auf Ausländer und auf mit ihnen kooperierende Afghanen kam und u.a. im November ein UNHCR-Mitarbeiter erschossen wurde, stellte der UNHCR seine Repatriierungsprogramme in Zentral- und Ostafghanistan sowie seine Operationen aus Pakistan ein. Ende 2003 hielten sich noch immer 2,1 Millionen Flüchtlinge im Ausland auf, 1,2 Millionen von ihnen in Pakistan, etwa 835.000 von ihnen im Iran (vgl. UNHCR 2005a: 231). Ende 2004 zählte man 2,4 Millionen Afghanen in anderen Ländern.[93] Die Zahl der Rückkehrer hatte zwar zugenommen - 760.000 kehrten mit UNHCR-Hilfe, 117.000 selbständig zurück -, allerdings stieg auch die Zahl der Flüchtlinge aus Afghanistan ebenfalls wieder an. Die Zahl der afghanischen Binnenvertriebenen hingegen sank auf 160.000 bis 300.000 Personen.[94] Der UNHCR gab für Ende 2006 an, dass noch immer 2,1 Millionen Afghanen in 71 Asylländern verstreut waren − 21 Prozent der weltweiten Flüchtlingsbevölkerung. Andere Angaben sprechen indes schon wieder von etwa 3,5 Millionen registrierten und nicht registrierten

---

92   Im Juli 2007 verstarb der König im Alter von 92 Jahren.

93   Zu diesem Zeitpunkt hielten sich 952.800 von ihnen im Iran, 1,3 Millionen in Pakistan auf.

94   Der UNHCR gab an, dass die Zahl der zurückgekehrten Binnenvertriebenen zwischen 2002 und Ende 2004 etwa 863.000 betrug (UNHCR 2005a: 231; UNHCR 2005b; USCRI 2005; UNHCR 2007a: 4). Bis Ende 2005 sank ihre Zahl weiter auf 150.000 (UNHCR 2005a: 231; UNHCR 2007a: 4; USCRI 2006).

Flüchtlingen in Pakistan und im Iran.[95] Beide Angaben bedeuten, dass Afghanistan weiterhin das "leading country of origin of refugees" war (vgl. UNHCR 2007b: 7). Die Zahl der Binnenvertriebenen betrug zu diesem Zeitpunkt noch immer mindestens 130.000, die v.a. in Camps in der südlichen Region lebten (vgl. UNHCR 2007a: 2).

Der UNHCR ließ im Februar 2007 verlauten, dass bis zu diesem Zeitpunkt insgesamt 4,86 Millionen Afghanen in ihre Heimat selbständig zurückgekehrt bzw. mit Hilfe des UNHCR zurückgeführt worden seien (vgl. UNHCR 2007a: 4). Dafür war, wie erwähnt, auch die erheblich verschärfte Haltung Pakistans und Irans gegenüber afghanischen Flüchtlingen maßgeblich, wo es vor allem ab dem Frühjahr 2007 zu Abschiebungen von Afghanen in ihre Heimat kam. Allein zwischen Ende April und Mitte Juni 2007 ließ Teheran knapp 100.000 Afghanen mehr oder weniger gewaltsam deportieren. Schon 2006 hatte man angekündigt, bis März 2008 1 Million Afghanen repatriieren zu wollen (HRW 2007).[96]

Bilanzieren lässt sich also, dass es zwar nach der Intervention 2001 zu einer verstärkten Rückkehr von Flüchtlingen vor allem aus Iran und Pakistan gekommen ist, diese Rückkehr aber in zunehmendem Maße Formen der Zwangsrepatriierung angenommen hat. Die physische Sicherheit hat sich unter menschenrechtlichen Gesichtspunkten in den Städten verbessert, auf dem Land, vor allem im Osten und Süden, jedoch verschlechtert. Gefahren durch Kriminalität und Drogenanbau sind erheblich gewachsen. Darüber hinaus hat die Intervention Tausende Menschen das Leben gekostet. Die längerfristigen Vorstellungen, die mit der Intervention und dem Regimewechsel anvisiert wurden – religiöse Toleranz, Gleichberechtigung der Geschlechter, Rechtstaatlichkeit, Demokratie –, sind mittlerweile sukzessive auf die „Primärziele" Sicherheit und Stabilität reduziert worden. Aber auch diese eingeschränkte Zielsetzung ist durch zunehmenden Widerstand gegen ausländische Truppen und Kräfte konterkariert worden. In der Folge ist eine Ausweitung der Kampfzonen auf immer weitere Teile des Landes erfolgt, was die Opferzahlen weiter steigen lässt. Auch unter dem Gesichtspunkt des Kampfes gegen den Terrorismus erscheint die Intervention und die Besetzung Afghanistans immer mehr Analysten und Beobachtern als kontraproduktives Unterfangen, indem sie eher eine mobilisierende als eine dämpfende Wirkung auf antiwestlich-terroristische Kräfte und potenzielle Rekruten ausüben (vgl. etwa Berger 2007).

---

95   2,46 Millionen in Pakistan und 900.000 im Iran. Im Iran leben darüber hinaus eine Million bis 1,5 Millionen illegale Immigranten (vgl. Margesson 2007).

96   Auch wenn die iranische Regierung beteuerte, es handele sich bei Deportierten ausschließlich um illegale Migranten, hielten Organisationen wie *Human Rights Watch* fest, dass sich unter den bereits Ausgewiesenen auch eine große Zahl registrierter Flüchtlinge befand.

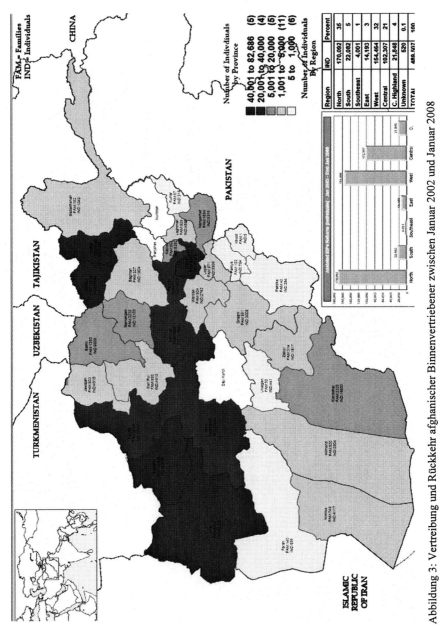

Abbildung 3: Vertreibung und Rückkehr afghanischer Binnenvertriebener zwischen Januar 2002 und Januar 2008

Quelle: UNHCR
(http://www.reliefweb.int/rw/fullMaps_Sa.nsf/luFullMap/973113418C9F87E38525740B0
07188E7/$File/unhcr_IDP_afg080131-d.pdf?OpenElement; letzter Zugriff: 04.06.2008)

4 Intervention und Migration am Beispiel des Irak

4.1 Vorgeschichte

In den vergangenen Jahrzehnten führte im Irak die Unterdrückung oppositioneller Bewegungen und von Bevölkerungsgruppen durch diktatorische Regime zu Migration, Flucht und Vertreibung.[97] Insbesondere Kriege und Aufstände im kurdischen Teil des Iraks hatten Massenfluchten ins benachbarte Ausland zur Folge, so 1975, 1980 bis 1988 und 1991.

Schon Ende der 1980er und zu Beginn der 1990er Jahre war Bagdad immer wieder wegen repressiver Politik und der Verfolgung von Programmen atomarer, biologischer und chemischer Bewaffnung von der internationalen Gemeinschaft kritisiert worden.[98] Mit dem Überfall irakischer Truppen auf Kuwait am 2. August 1990 ging das Regime allerdings einen Schritt zu weit. Bagdad hatte Kuwait der Ölüberproduktion beschuldigt, die den Irak 14 Milliarden US-Dollar wegen des folgenden Falls des Ölpreises gekostet hätte, sowie des illegalen Abpumpens von Öl aus dem irakischen Rumaila-Feld. Zudem hatte der Irak Kuwait, das bis zum Ersten Weltkrieg (im Sinne des osmanischen Staatsrechts, nicht aber der britischen Protektoratspolitik) Teil der Provinz Basra im osmanischen Reich gewesen und dann von der britischen Kolonialmacht abgespalten worden war, als unabhängige Monarchie nie anerkannt. Bis zu diesem Zeitpunkt hatte jedoch keine irakische Führung versucht, die kuwaitische Eigenstaatlichkeit in Frage zu stellen.

Die UNO verhängte zunächst Handelssanktionen gegen den Irak, die jedoch wirkungslos blieben. Nach mehreren Ultimaten griff ab 18. Januar 1991 eine von den USA geführte Koalition den Irak an (*OperationDesert Storm*) und vertrieb die irakischen Streitkräfte aus Kuwait. Dieser Krieg zerstörte nicht nur große Teile der militärischen und zivilen Infrastruktur des Iraks; er machte auch Hunderttausende Iraker zu Flüchtlingen, die in der Türkei, im Iran und in Jordanien Asyl suchten. Hussein jedoch blieb an der Macht und übte nach dem

---

97   Die Suche nach den Ursachen irakischer Instabilität führt zurück zur Gründung des irakischen Staates. Die britische Besatzungsmacht setzte den Irak nach dem Ende des Ersten Weltkrieges aus drei einstigen ottomanischen *villayets* zusammen (Basra, Bagdad und Mosul) und ernannte einen sunnitischen Araber, König Faisal, zu seinem Oberhaupt. Das Ergebnis war ein künstlicher Staat, der hinsichtlich Ethnizität, Religion, Stammeszugehörigkeit sowie hinsichtlich der Stadt-Land-Unterschiede geteilt war. Der Irak setzte sich zu diesem Zeitpunkt zu (Schätzungen divergieren) 55 bis 65 Prozent aus Schiiten, 15 bis 25 Prozent Kurden, 15 bis 25 Prozent sunnitischen Arabern, 3 bis 5 Prozent Turkmenen sowie 2 Prozent Christen zusammen (vgl. Romano 2005: 431).

98   Allerdings hatten vor allem die USA in den 1980er Jahren, solange Saddam Hussein als Verbündeter gegen den damaligen nahöstlichen Hauptfeind Washingtons, Iran, gegolten hatte, diverse Aufrüstungsmaßnahmen unterstützt.

Abzug der westlichen Truppen wieder Repressionen gegen die Zivilbevölkerung aus. Hiervon waren insbesondere die Kurden im Norden des Landes sowie die Schiiten im Süden betroffen, die die *Operation Desert Storm* für einen Aufstand gegen die Bagdader Zentralregierung zu nutzen versucht hatten.

Seit der Unabhängigkeit des Iraks von der britischen Besatzung durch den Vertrag von Bagdad 1930 und den Eintritt in den Völkerbund im Jahre 1932[99] hatten die etwa 4 Millionen im Land lebenden Kurden stets für Unabhängigkeit oder Autonomie gekämpft, nämlich für ein Kurdistan, das ihnen im Vertrag von Sèvres (vereinbart im August 1920 zwischen der Entente und dem Osmanischen Reich) zugestanden worden war.[100] Die Auseinandersetzungen zwischen kurdischen Milizen und der irakischen Zentralregierung nahmen in den 1960er Jahren an Intensität zu. Vor diesem Hintergrund galten bereits 1970 300.000 Iraker als Binnenvertriebene (vgl. Dammers 1998: 181).

Um den Konflikt einzudämmen, bot Anfang der 1970er Jahre die arabische Ba'ath-Partei unter Generalsekretär Ahmad Hasan al-Bakr und seinem Vize Saddam Hussein den Kurden ein etwa 40.000 Quadratkilometer umfassendes Autonomiegebiet im Norden des Landes an, das die drei Regierungsbezirke Erbil, Suleimaniyeh und Dohuk umfassen, jedoch die Ölressourcen am Rande des kurdischen Gebietes ausklammern sollte. Die Kurden lehnten diese Offerte ab, da es der Größe nach nur etwa der Hälfte dessen entsprach, was sie als kurdisches Gebiet betrachteten. Dennoch verhängte die Regierung 1974 ein Dekret, das das von ihr ausgezeichnete Gebiet den Kurden zusprach.

In der Folgezeit begann die Ba'ath-Partei mit der „Arabisierung" der Öl produzierenden Gebiete Kirkuk und Khanaqin sowie anderer Teile des Nordens. Kurdische und auch turkstämmige sowie assyrische Bauern wurden vertrieben und teilweise durch arabische Stammesangehörige aus dem Süden ersetzt.[101] Die Kurden setzten sich gegen diese Art der Unterdrückung zur Wehr, u.a. in einer Revolte 1974 unter der Führung von Mullah Mustafa Barzani, damaliger Präsident der Kurdischen Demokratischen Partei (KDP). Die USA, Iran und

---

99   Diese Unabhängigkeit war jedoch nur formaler Natur, denn weiterhin wurden den Briten von König Feisal I. (1921-1933) Privilegien und Militärpräsenz gewährt. Erst nach einem Militärputsch am 14. Juli 1958 und der Ermordung von König Feisal II. (geb. 1935), der seit 1939 den Irak regiert hatte (aufgrund seines jungen Alters gemeinsam mit seinem Onkel Abdul Illah), wurde unter Führung von General Karim Kassem und Oberst Salam Arif die pro-britische Monarchie gestürzt und die Republik Irak ausgerufen. Im folgenden Jahr zogen die Briten ihre Stützpunkte ab.

100 Zum Problem Kurdistan und Irak siehe z.B. Hippler (1990).

101 „The virulently Arab nationalist Ba'ath dictatorship set itself the central task of modernizing and strengthening Iraq, which in turn required ending the northern Kurdish insurgencies which had dogged the country since its founding in 1925" (Romano 2005: 431).

Israel unterstützten Barzani in seinen Anliegen. Dem Aufstand wurde allerdings mit einem neuen Grenzvertrag zwischen dem Irak und Iran (Abkommen von Algier vom 6. März 1975) und in diesem Zusammenhang mit dem Verlust der Unterstützung für Barzanis KDP durch Teheran ein Ende gesetzt. Dieses Abkommen trug zusammen mit parteiinneren Machtkämpfen zur Spaltung der KDP bei. Die Repressalien Bagdads führten zur Flucht eines Teils der KDP-Anhänger in den Iran, Zehntausende Angehörige des Barzani-Stamms wurden gewaltsam aus ihren Häusern vertrieben und im Süden des Iraks mit seinen unfruchtbaren Böden wieder angesiedelt.

In der zweiten Hälfte der 1970er Jahre ging das Hussein-Regime weiter gegen die Kurden vor, vertrieb etwa 600.000 Menschen aus den Grenzregionen zur Türkei und zum Iran und zerstörte dort Dörfer bzw. siedelte diese zwecks besserer Gebietskontrolle um. Etwa 1.400 Dörfer und Ortschaften waren davon betroffen (vgl. Dammers 1998: 181; Romano 2005: 432 f.). Die meisten vertriebenen Kurden wurden in kollektivähnliche *mujamma'at* umgesiedelt, neue Siedlungen an Hauptstraßen der militärkontrollierten Gebiete des irakischen Kurdistans. In ihre Heimat durften sie nicht zurück. Das Regime fuhr mit den Bemühungen einer Arabisierung des Landes bis zum Einmarsch der US-geführten Koalition 2003 fort. Zu einem Höhepunkt der Aggression Bagdads gegen die Kurden kam es in den Jahren 1987 und 1988, als Hussein mit der *al-Anfal*-Kampagne gegen die Kurden einen Ausrottungsfeldzug befahl, weil kurdische Organisationen den Iran im Krieg gegen den Irak unterstützten.[102] In insgesamt acht Operationen sollen 150.000 bis 200.000 Kurden umgebracht worden sein, etwa 3.000 Dörfer und Ortschaften wurden zerstört (vgl. McDowall 1996: 359). Hunderttausende Kurden flohen in die Türkei und in den Iran oder wurden in den Süd- und Westirak vertrieben.[103] Die *Anfal*-Kampagne sowie die Arabisierungsmaßnahmen führten zu den größten Flüchtlingsbewegungen, die der Irak bis dahin erfahren hatte. Ein großer Teil der 800.000 Binnenvertriebenen, die sich vor der *Operation Iraqi Freedom* im Nordirak aufhielten, resultierte aus diesen Maßnahmen.

Neben den irakischen Kurden wurden auch Faili-Kurden, zum größten Teil Schiiten, unterdrückt und in den hauptsächlich schiitisch geprägten Iran ver-

---

102 Ziel des von Saddam Hussein erklärten Krieges war der Rückerhalt ehemals irakischen, in Grenzverhandlungen 1975 zugestandenen Territoriums, die Beendigung der Unterstützung kurdischer Separatisten durch den Iran sowie der Sturz des islamistisch-revolutionären Regimes in Teheran. Der Krieg forderte etwa 1,5 Millionen Opfer und endete in einem Waffenstillstand, der die Grenzen, wie sie vor dem Krieg bestanden hatten, unangetastet ließ.

103 „By July [1988] 45.000 out of 75.000 square kilometres of Kurdistan had been cleared of Kurds" (McDowall 1996: 360). – Zur al-Anfal-Kampagne siehe den Bericht von Human Rights Watch (1993).

trieben.[104] Bis Anfang der 1970er Jahre hatten diese in Städten der zentralen und südlichen Teile des Iraks gelebt, viele von ihnen in Bagdad. Ab 1974 und danach in Wellen 1991, 1996 und 1998 bis 1999 wurden etwa 300.000 Faili-Kurden vertrieben, insbesondere in den Iran. Die Begründung dafür lautete, sie seien keine irakischen Staatsbürger. In Wahrheit fürchtete man eher ihre mangelnde Loyalität. Viele von ihnen hatten seit Generationen im Irak gelebt, nun wurden sie offiziell ihrer Staatsangehörigkeit beraubt und dazu verurteilt, als Staatenlose in einer rechtlichen Grauzone zu leben (vgl. Verney 2004).

Nachdem die US-Truppen und ihre Verbündeten bis Ende Februar 1991 die irakischen Truppen aus Kuwait vertrieben hatten,[105] begannen unzufriedene Gruppen irakischer Kurden im Norden und Süden des Iraks wieder gegen die Regierung zu rebellieren. Sie glaubten fälschlicherweise, dass Bagdad bald fallen werde und sie sich der Unterstützung der USA sicher sein könnten. Die Niederschlagung des Aufstandes durch die Truppen Husseins hatte verheerende Konsequenzen für die irakische Zivilbevölkerung. Innerhalb einer Woche flohen 450.000 Kurden vor den Angriffen der irakischen Armee an die türkische Grenze. Bis Mitte April 1991 flohen weitere 1,3 bis 1,5 Millionen irakische Kurden in den Iran. 70.000 überwiegend schiitische Iraker verließen ihre Wohnorte im Südirak (UNHCR 2000: 212).

Während der Iran die Grenze öffnete, um die Flüchtlinge aufzunehmen, weigerte sich die türkische Führung, den Flüchtlingen Schutz zu gewähren. Die Begründung Ankaras war, die irakischen Kurden würden das Land mit seinem Kurdenproblem weiter destabilisieren. Mehrere Hunderttausend irakische Kurden saßen infolgedessen auf schneebedeckten Bergpässen entlang der irakisch-türkischen Grenze fest. Diese Notlage kurdischer Flüchtlinge wurde zum Gegenstand internationaler Aufmerksamkeit. Sie veranlasste die USA und ihre Verbündeten zu einer „humanitären Intervention", mit dem Ziel, gemeinsam mit internationalen Hilfsorganisationen die insgesamt etwa 2 Millionen kurdischen Flüchtlinge in den Nordirak zurückzuführen. In diesem Sinne wurde unter Berufung auf die Resolution 688 des UN-Sicherheitsrats über Maßnahmen zu humanitären Zwecken der Beschluss gefasst, im Nordirak eine „Sicherheitszone" einzurichten (*Operation Provide Comfort*), die die drei Reg

---

104 „Faili" ist ein arabischer Begriff für eine Gruppe von Kurden aus einer Region im Zagros-Gebirge an der irakisch-iranischen Grenze. Viele Faili-Kurden haben daher Familienverbindungen in beiden Ländern.

105 Am 26. Februar begann der Irak mit dem Abzug seiner Truppen und erklärte sich zur Anerkennung einer entsprechenden UN-Resolution 686 bereit, die dann am 2. März verabschiedet wurde und die Bedingungen für einen Waffenstillstand festschrieb. Am folgenden Tag wurden Verhandlungen in der irakischen Stadt Safwan aufgenommen. Am 5. März schließlich wurde die Annexion Kuwaits annulliert.

ierungsbezirke Duhok, Erbil und Suleimaniyeh umschließen sollte (vgl. United Nations 1991). Die Sicherung dieses Gebiets, in dem 3,5 Millionen Kurden lebten, übernahm eine multinationale Luftstreitmacht, die in der Türkei stationiert wurde.

Die Durchsetzung der Operation vornehmlich durch die USA und Großbritannien hatte indes auch einen strategischen Aspekt. *Provide Comfort* bedeutete simultan Solidarität mit dem Bündnispartner Türkei, für den der Zustrom Hunderttausender Kurden aus dem Irak in die Krisenregion des türkischen Kurdistan eine enorme Belastung dargestellt hätte (vgl. Nezan 2001). Die Sicherheitszone entsprach den Vorschlägen Ankaras. Der Irak konnte ihrer Einrichtung keinen Widerstand entgegen setzen und zog ab Oktober 1991 alle Verwaltungsbeamten aus den respektiven Regierungsbezirken ab.

Die Türkei befürchtete nun wiederum die Errichtung einer eigenständigen kurdischen Administration, die als Präzedenz für die in der Region lebenden Kurden gelten könnte. Um eine solche Entwicklung zu vermeiden, hätte die Türkei aber die Unterstützung des Westens gebraucht. Dieser signalisierte jedoch, dass man den Kurden die Heimkehr ermöglichen und sie vor Angriffen der irakischen Armee schützen wolle, sich aber nicht – etwa im Rahmen der denkbaren Errichtung eines von den Vereinten Nationen verwalteten Protektorats – in die inneren Angelegenheiten und den Wiederaufbau des Landes einmischen wolle. So standen die Kurden schließlich vor der Möglichkeit und der Aufgabe, in dieser Schutzzone eine eigenständige kurdische Administration aufzubauen.

Nach der Einrichtung der Sicherheitszone begann die Rückkehr irakischer Kurden unter dem Geleit von Koalitionstruppen und humanitären Organisationen, insbesondere des UNHCR. In den letzten beiden Aprilwochen 1991, kurz nach der Etablierung der Sicherheitszone und dem Abzug westlicher Truppen, kehrten fast 200.000 Kurden zurück. Bis Juni 1991 waren es bereits etwa 600.000 Personen (vgl. UNHCR 2000: 216 f.). Nach und nach wurde die Infrastruktur wieder instand gesetzt und die Wirtschaftssituation verbessert.

Die Vertreibung der Kurden im Norden verstärkte sich allerdings wieder 1992 und 1993 nach Schießereien entlang der Grenze zwischen dem Irak und der kurdischen Zone. 1996 war ein gewaltsamer Konflikt zwischen den Kurden selbst – d.h. zwischen den rivalisierenden Parteien KDP unter der Führung von Barzanis Sohn Masoud, der PUK (Patriotische Union Kurdistan) unter Jalal Talabani und der PKK (Arbeiterpartei Kurdistans) unter Abdullah Öcalan[106] –

---

106 Öcalan wurde im Februar 1999 vom türkischen Geheimdienst aus der griechischen Botschaft in Nairobi entführt und gewaltsam nach Ankara gebracht. Seither sitzt er auf der türkischen Gefängnisinsel Imrali ein. Dort war er im Juni 1999 des Hochverrats und des Separatismus für schuldig befunden und zum Tode durch den Strang verurteilt

Grund für Binnenvertreibungen. Nach Schätzungen der UNO resultierten 9 Prozent der Binnenvertriebenen in den kurdischen Gebieten aus innerkurdischen Konflikten zwischen Anfang und Mitte der 1990er Jahre. Auch kleinere militärische Vorstöße der Türkei und Irans, die die Errichtung eines kurdischen Staates verhindern wollten, provozierten Fluchtbewegungen. 1997 intensivierte die irakische Regierung zudem ihre Bemühungen, kurdische Städte zu arabisieren.

Auch die so genannten „Sumpfaraber" bzw. Ma'adan – ein schiitisches Volk in den Sumpfgebieten am Zusammenfluss von Tigris und Euphrat im südlichen Irak – war ab 1991 von Vertreibungen betroffen gewesen. Infolge von Trockenlegungsmaßnahmen ab 1992 in ihrer Region Ma'adan sank ihre Zahl von ursprünglich 400.000 auf 250.000. U.a. stellte die Trockenlegungsaktion eine Bestrafung dieser Schiiten für ihre Unterstützung rebellischer, regionaler Gruppen dar, denen sie Unterschlupf gewährten. Neben der Austrocknung, die an die 90 Prozent des dortigen Marschlandes zu einem Wüstengebiet machte, war die Kampagne von Verhaftungen, Massenexekutionen, Vergiftung von Flüssen u.a. begleitet (vgl. Fawcett/ Tanner 2002: 30 ff.; UNEP 2001). Diese Maßnahmen, die sich nach der Ermordung von Ajatollah Muhammad Sadiq al Sadr – damals geistiger Führer der irakischen Schiiten – im Februar 1999 verschlimmerten, machten noch mehr Schiiten zu Flüchtlingen. Von den verbliebenen „Sumpfarabern" flohen in der Folgezeit weitere 40.000 in den Iran. Etwa 170.000 bis 190.000 starben oder wurden anderswohin vertrieben. Nur etwa 10.000 bis 20.000 der „Sumpfaraber" verblieben in ihrer Heimat (IDMC 2006: 67).

Kurz vor dem Dritten Golfkrieg 2003 betrug die Zahl der Binnenvertriebenen, die infolge der vorausgegangenen Kriege und Konflikte sowie aufgrund der Politik gegenüber missliebigen Bevölkerungsgruppen ihren Heimatort verließen, zwischen 700.000 und 1,1 Millionen. Schätzungen besagen, dass sich zwischen 100.000 und 300.000 von ihnen zu diesem Zeitpunkt im Zentral- und Südirak aufhielten, zwischen 600.000 und 800.000 befanden sich im Kurdengebiet im Norden (vgl. UNHCHR 2004: 49). Etwa 1 Million Iraker galten zu diesem Zeitpunkt als Flüchtlinge.[107]

Die offiziellen Zahlen irakischer Flüchtlinge vor der Invasion der USA dürften nach Schätzungen des UNHCR allerdings um einiges unter den realen Zahlen gelegen haben. Viele Betroffene hatten nach ihrer Flucht die Behörden nicht

---

worden. Das Urteil wurde unter anderem auf europäischen Druck hin nicht vollstreckt und 2002 mit der Aufhebung der Todesstrafe in Friedenszeiten in lebenslange Haft umgewandelt.

107   So zählte das *Global IDP Project* etwa 1 Million Binnenvertriebene im Irak, das *U.S. Committee for Refugees* (USCR) schätzte ihre Zahl auf 600.000 bis 700.000, der UNHCR auf etwa 830.000 und *Brookings Institution* kam auf 900.000 bis 1,1 Millionen (vgl. HRW 2003: 6).

kontaktiert, so dass nur etwa 300.000 formal als Flüchtlinge anerkannt waren. Etwa die Hälfte der Flüchtlinge lebte zu dieser Zeit in Jordanien und im Iran.Davon waren 202.000 als vom UNHCR registrierte Flüchtlinge im Iran, etwa 300.000 in Jordanien (unregistriert), 40.000 in Syrien (unregistriert) sowie 5.100 registrierte Flüchtlinge in Saudi-Arabien. Bis zum 11. September 2001 wurde einer Anzahl irakischer Flüchtlinge – obgleich nicht in großem Ausmaß – Schutz in westeuropäischen Ländern geboten.

4.2 Flüchtlingssituation ab 2003

Mit der Intervention der US-geführten Koalition *Operation Iraqi Freedom* am
20. März 2003 verschärfte sich die Flüchtlingslage im Irak dramatisch. Zum
einen erfolgte dies in direktem Zusammenhang mit der Intervention, zum
anderen im weiteren Verlauf nach dem Sturz des Regimes und der Besatzung
durch ausländische Truppen, dem Kollaps der irakischen gesellschaftlichen und
politischen Strukturen und den Instabilitäten, die so hervorgerufen wurden. In
diesen Kontext ist auch die Zahl der zivilen Opfer einzuordnen. Aufgrund der
Völkerrechtswidrigkeit der Intervention und den falschen Vorgaben, mit denen
der Krieg begründet wurde, müssten auch Zehntausende getöteter irakischer
Soldaten und Angehöriger der Republikanischen Garden zu den ungerecht-
fertigten Opfern der Intervention gezählt werden. Exakte Angaben liegen
diesbezüglich nicht vor. Die Streitkräfte des Iraks umfassten 400.000 Soldaten,
darunter 100.000 Elitetruppen der Republikanischen Garde. Wie viele davon im
Verlauf der Invasion desertiert sind, lässt sich nicht feststellen. In den massiven,
wochenlangen Bombardements, die der Eroberung Bagdads vorausgingen,
dürften viele, die dies nicht taten bzw. nicht tun konnten, „buchstäblich
pulverisiert" worden sein, wie sich ein US-General während der „Luft-
kampagne" ausdrückte.

Laut *Iraq Body Count Project* (IBC) gab es zwischen dem 20. März 2003 und
dem 19. März 2005 24.865 zivile Opfer auf irakischer Seite, 45,3 Prozent davon
in Bagdad.[108] Für 37 Prozent dieser Opfer trügen die USA und ihre Alliierten die
Verantwortung; kriminelle Gewalt nach der Invasion sei für weitere 36 Prozent
verantwortlich. 9 Prozent seien Attacken der Besatzungsgegner zuzuschreiben.
30 Prozent dieser knapp 25.000 Opfer starben nach diesen Angaben in den
Wochen während der Invasion, d.h. vor Mai 2003 (vgl. IBC 2005: 4, 10, 12).
Darüber hinaus wurden im gleichen Zeitraum mindestens 42.500 Zivilisten
verletzt; 41 Prozent dieser Verletzungen geschahen während der Intervention
(vgl. IBC 2005: 18).

Bis zum 07. Juni 2008 verzeichnete das IBC mindestens 85.705 zivile Opfer
eines gewaltsamen Todes im Irak (IBC 2008). Was sich in den Jahren nach der
Intervention entwickelte, war nicht *ein* Bürgerkrieg, sondern mehrere
Bürgerkriege zwischen verschiedenen politisch und gesellschaftlich maßgeblichen Gruppen. Der Irak zerfiel in Regionen, die von verschiedenen religiösen, ethnischen oder Stammesgruppierungen dominiert werden. Die irakische
Führung – sowohl der von der Koalitionsadministration eingesetzte irakische

---

108 Das IBC ist hinsichtlich irakischer Opfer die meistzitierte Quelle, wurde jedoch auch
     kritisiert. Kritik richteten vor allem US-neo-konservative Kreise auf die angeblich
     fehlende politische Neutralität, und zwar mit Blick auf Schwierigkeiten bei der
     Unterscheidung zwischen Zivilisten und Kämpfern. Aus anderer politischer Richtung
     wiederum wurde der Vorwurf erhoben, die Zahlen des IBC seien untertrieben.

Regierungsrat unter Iyad Allawi (2004–2005), die Übergangsregierung unter Ministerpräsident Ibrahim al-Dschafari (2005–2006) als auch die ab Mai 2006 amtierende Regierung unter Ministerpräsident Nuri al-Maliki - war nicht in der Lage, effektiv ihre Autorität geltend zu machen. Politische, konfessionelle und kriminelle Gewalt erreichten extreme Ausmaße. Die Lebensbedingungen der Bevölkerung wurden damit in sozialer, wirtschaftlicher sowie unmittelbar physischer Hinsicht enorm erschwert. Das UNDP schätzte 2006, dass 54 Prozent der irakischen Bevölkerung mit weniger als einem US-Dollar am Tag auskommen müssten und sich damit unterhalb der Armutsgrenze befänden; 15 Prozent von ihnen lebten mit weniger als 50 Cent am Tag. 2007 schien sich die Lage allerdings zu bessern: Laut UNDP lebten in diesem Jahr ein Drittel der Iraker in Armut (UNDP 2007). Das *World Food Program* gab an, dass 4 Millionen Iraker in Lebensmittelunsicherheit leben, weitere 8 Millionen Iraker seien abhängig von der – wenig zuverlässigen – staatlichen Lebensmittelverteilung. Die Arbeitslosigkeit wurde auf bis zu 60 Prozent geschätzt. Die vorherrschende Gewalt hat des Weiteren insofern erhebliche Auswirkungen auf die wirtschaftliche und soziale Sicherheit irakischer Familien, als die meisten Zivilopfer Männer sind und die Frauen nach dem Verlust des Ehemanns und Versorgers selbständig für sich und die Kinder sorgen müssen. In einem Land, in dem der Anteil weiblicher Arbeitskräfte traditionell sehr gering ist, stelle dies eine enorme Schwierigkeit dar.

Dieser Situation steht die unzulängliche internationale Hilfe gegenüber. Das Personal internationaler und von Nichtregierungsorganisationen wurde nach der Bombardierung des UN-Hauptquartiers in Bagdad im August 2003 weitgehend abgezogen. Vor dem Hintergrund der lebensbedrohlichen Situation - bis zum September 2007 fielen 94 Helfer Anschlägen zum Opfer (Gathmann 2008) – wurde ein so genanntes „remote management" versucht. Zudem wurden die bereitgestellten Mittel knapp: Viele traditionelle Geldgeber sahen die humanitäre Krise im Irak als das Resultat der US-Politik und damit Washington in der Verantwortung. Das *NGO Coordinating Commitee in Iraq* (NICC) warnte vor diesem Hintergrund vor der Gefahr, dass das Hilfsvakuum durch bewaffnete Milizen gefüllt würde, die die humanitäre Hilfe als Mittel anwendeten, um die Kontrolle über „ihre" Gebiete zu stärken (vgl. Ferris/Hall 2007: 4 f.). Die Instabilität des politischen Systems, die Verschlechterung der Sicherheitslage und die Fragmentierung der Gesellschaft erreichten Ausmaße, die den Irak *de facto* in einen „failed state" umkippen ließen.[109]

---

109 Etwas vorsichtiger drückt das Stansfield aus: „It can be argued that Iraq is on the verge of being a failed state which faces the distinct possibility of collapse and fragmentation" (Stansfield 2007: 2).

Neben den Auseinandersetzungen zwischen Sunniten und Schiiten herrschten Konflikte zwischen Kurden und Nicht-Kurden in Kirkuk, kriegerische Auseinandersetzungen zwischen den Sunniten und dem US-Militär im Zentrum und im Norden des Iraks, zwischen Schiiten und den US- und britischen Truppen im Zentrum und Süden des Landes[110] sowie eine schiitisch-schiitische Auseinandersetzung in Najaf und Basra und ein sunnitisch-sunnitischer Konflikt in den Gouvernements Anbar, Nineva und Diyala zwischen tribalen Kräften und Anhängern von al-Quaida.[111] Die Lage hatte 2007 eine solche Dramatik erreicht, dass die Fortexistenz des bisherigen Staates selbst immer fragwürdiger erschien und eine Debatte über die mögliche Teilung des Landes begann.[112]

Dieser Kontext ließ in den Jahren nach der Okkupation die Flüchtlingszahlen in die Höhe schnellen. Die Zahl irakischer Flüchtlinge, die mit der Intervention der USA und ihrer Alliierten bis zum Frühjahr 2007 aus dem Irak bzw. innerhalb des Landes geflohen sind, wird von verschiedenen Stellen unterschiedlich geschätzt. Gemein ist allen Angaben der Hinweis auf einen massiven Anstieg nach dem März 2003. Zahlen von 40.000 bis 80.000 Binnenvertriebenen wurden in direktem Zusammenhang mit der US-Intervention bis Ende Mai 2003 genannt. Ein „stiller Exodus" (UNHCR) aus dem Irak begann dann zusätzlich mit dem Anschlag auf das UN-Hauptquartier in Bagdad im August 2003. Danach nahmen gezielte und willkürliche Gewalttaten durch verschiedene bewaffnete Akteure ebenso massiv zu wie Kriminalität, Entführungen und Vertreibungen (vgl. Leukefeld 2007).

Die fortschreitende Gewalt und Fragilität Iraks führten zu einem immer größeren Ausmaß an Flüchtlingen. Im Juni 2007 schätzte der UNHCR die Zahl der Vertriebenen auf 4,2 Millionen und die der Binnenvertriebenen auf knapp 2

---

110 Die britische Armee zog sich allerdings im Spätherbst 2007 aus Basra weitgehend zurück, nachdem sie die Macht in der Stadt auf lokale Kräfte übertragen hatte. Viele Beobachter werteten diesen Kompetenztransfer allerdings weniger als Zeichen einer erfolgreich durchgesetzten Strategie mit Blick auf ursprünglich verfolgte Ziele denn als Resignation und Kompromiss angesichts der Einschätzung, dass der Versuch, den Status quo aufrecht zu erhalten, nur noch größere Probleme produzieren würde. In der Tat eskalierten die Konflikte nach kurzer Zeit, sodass die irakische Armee mit massiver Unterstützung der US-Streitkräfte sowie britischer Truppen bereits im März 2008 wieder in Basra intervenierte.

111 „Iraq's mosaic of communities has begun to fragment along ethnic, confessional and tribal lines, bringing instability and violence to many areas, especially those with mixed populations" (ICG 2006: i).

112 Diese Idee nimmt Bezug auf die ursprüngliche Struktur des heutigen Iraks, der, wie oben erwähnt, aus einer sunnitischen, einer schiitischen und einer kurdischen Provinz unter dem britischen Mandat zusammengefügt wurde. In einer solchen Entwicklung wird allerdings die Gefahr einer weiteren Eskalation des Bürgerkrieges und der Intervention von Nachbarstaaten gesehen (vgl. Steinberg 2007).

Millionen. Den UNHCR-Erhebungen zufolge befanden sich 1,4 Millionen der geflohenen Iraker in Syrien, während Jordanien 750.000, Ägypten 80.000 und andere Golfstaaten 200.000 beherbergten (IRIN 2007a, UNHCR 2007f).[113] Im April 2008 wurden die Vertriebenenzahlen noch einmal nach oben korrigiert. Seit der Invasion 2003 haben demnach 4,7 Millionen Iraker ihr Zuhause verlassen. 2,7 Millionen galten als Binnenvertriebene, während 2 Millionen Iraker in Nachbarstaaten, vor allem nach Jordanien und Syrien, geflüchtet waren (IRIN 2008e). Damit galt im Frühjahr 2008 einer von sechs Irakern als vertrieben (Harper 2008).

Die kurdische Region war das Hauptziel vieler irakischer Binnenflüchtlinge.[114] Sie verzeichnete, da von eigenen Sicherheitskräften geschützt, in den ersten Jahren nach der Intervention weitaus weniger Gewalt, als dies in anderen Teilen des Iraks der Fall war. Sowohl Kurden, sunnitische und schiitische Araber als auch Christen versuchten, sich hier niederzulassen. Dies war allerdings kein einfaches Unterfangen, da jeder Vertriebene einen Residenten der kurdischen Region vorweisen musste, der für seine Moral und Identität bürgte. Andere relativ sichere Provinzen waren etwa Karbala, Najaf und Muthanna im Süden, die jedoch mehr und mehr gezwungen wurden, ihre Tore de facto zu schließen, da ihre Infrastruktur – schon vor der US-Invasion in schlechter Verfassung – mit dem massiven Zustrom von Binnenflüchtlingen überfordert war (vgl. Younes 2007). Insbesondere Ressourcen wie Wasser, Lebensmittel und medizinische Dienste wurden knapp (vgl. IRIN 2007a).[115] Nur ein Prozent der Vertriebenen befand sich im Frühjahr 2007 in Camps; in der Folge nahm die „Verslummung" im Irak zu (vgl. Sterling 2007).

---

113 RI diagnostizierte vor diesem Hintergrund, dass die irakische Flüchtlingskrise die Darfurs übertreffen könne: „The displacement of Iraqis from Iraq is now the fastest-growing refugee crisis in the world" (Cockburn 2007; RI 2007:1;).

114 Nach einer offiziellen US-Studie von Anfang 2006 galten von den 18 Provinzen des Landes nur die kurdischen Provinzen im Norden zu diesem Zeitpunkt als relativ sicher. Diese würden über eine funktionierende Verwaltung verfügen, und die örtlichen Sicherheitskräfte seien imstande, Ruhe und Ordnung zu gewährleisten. Die schiitisch kontrollierten Gebiete im Süden wurden als „mäßig sicher" klassifiziert. Die sunnitischen Provinzen im Zentralirak wurden als instabil und unsicher eingestuft. Dieser Kategorisierung entspricht die geographische Verteilung der zivilen Opfer der Konflikte (vgl. Fischer Weltalmanach 2007).

115 "Individual governorates inside Iraq are becoming overwhelmed by the needs of the displaced. At least 10 out of the 18 governorates have closed their borders or are restricting access to new arrivals", so der UNHCR in einem Statement vom 5. Juni 2007 (vgl. UNHCR 2007d).

Insgesamt verließen laut UNHCR etwa 12 Prozent aller Iraker[116] aufgrund religiöser Gewalt und *de facto* „ethnischer Säuberungen", die nach der US-Intervention in den südlichen und zentralen Regionen stattfanden, ihre Häuser (vgl. BBC am 9. Januar 2007).[117] Bei den Binnenvertriebenen aus dem Norden handelte es sich oftmals um Araber, die im Rahmen der „Arabisierung" dort angesiedelt und nun von den nach dem Fall des Hussein-Regimes zurückkehrenden Kurden aus ihren Häusern in Kirkuk und Umgebung vertrieben wurden. Eine andere Gruppe von Binnenvertriebenen waren Palästinenser. Vor dem Krieg 2003 hatten nach Angaben des Regimes rund 80.000 Palästinenser im Irak gelebt. Sie waren vor allem in Wellen 1948, 1967 und 1991 aus ihrer Heimat geflohen oder von dort vertrieben worden. Unter Saddam Hussein hatten die Palästinenser im Irak verhältnismäßig gute Lebensbedingungen; sie wurden integriert und geschützt. Nach seinem Sturz meldeten sich oft die Eigentümer ihrer Wohnungen und konfrontierten die Palästinenser – wie auch viele Iraker – mit horrenden Mieterhöhungen, die nicht zu bezahlen waren. In provisorischen Notunterkünften wurden sie – unterstützt vom UNHCR - mit Lebensmitteln und medizinisch versorgt (vgl. Leukefeld 2006a).[118]

Die Lage verschärfte sich solcherart für die Palästinenser massiv. Als sunnitische Muslime wurden Palästinenser v.a. nach der Zerstörung der Goldenen Moschee, eines der wichtigsten schiitischen Heiligtümer der Welt, in Samarra im Februar 2006 verstärkt zu Zielen religiös motivierter Angriffe. Außerdem nahmen Iraker offenbar aufgrund der einst bevorzugten Behandlung von Palästinensern nach dem Sturz des Diktators Rache. Das Ausbleiben der Unterstützung, die die Palästinenser unter Hussein genossen hatten (Lebensmittelpakete, Schulen, gesundheitliche Versorgung etc.) ließ ihren Lebensstandard immens sinken. Dies wurde zu einem weiteren Emigrationsfaktor.

Ein Bericht von *Human Rights Watch* (HRW) aus dem Jahr 2006 dokumentiert die Massenmigration in die Nachbarländer Iraks nach Beginn der Intervention 2003 und in den folgenden Jahren. In Jordanien habe sich die Zahl irakischer Flüchtlinge bis 2006 mindestens verdoppelt (vgl. HRW 2006b: 20). Die Bevölkerung Ammans habe sich durch die Flüchtlingsströme schätzungsweise

---

116 Im Jahre 2007 wurde die Bevölkerung auf etwa 27,5 Millionen geschätzt (vgl. CIA World Factbook 2007b).

117 "Iraq is becoming balkanized as formerly mixed neighborhoods disintegrate into Sunni and Shiite redoubts, all afraid of one another, and leaving minorities such as the Christians or the Mandeans [Ma'adan] with no safe place to go to" (RI 2007: 1).

118 22.000 Palästinenser (8.500 Familien) registrierte der UNHCR im Juli 2003 allein in Bagdad. Landesweit wurde die Zahl auf 34.000 geschätzt. Sie hielten sich außer in Bagdad v.a. in Basra und Mosul sowie anderen Teilen Iraks auf, ließen sich aber aufgrund der prekären Sicherheitslage vielfach nicht registrieren (vgl. Wengert/Alfaro 2006: 19).

um ein Drittel vergrößert (vgl. HRW 2006b: 20). Im Frühjahr 2007 sprach man bereits von mehr als 750.000 Flüchtlingen in und um Amman, das etwa 2,5 Millionen Einwohner hat. Auch Syrien war eine der vorrangigen Anlaufstellen für irakische Flüchtlinge. Vor dem Krieg 2003 hatten etwa 100.000 Iraker in Syrien gelebt, Ende 2006 wurden allein in Damaskus mehr als 800.000 irakische Flüchtlinge gezählt (vgl. Leukefeld 2006b).[119] Ihre Zukunftsaussichten dort wurden düster bewertet; viele lebten unter erbärmlichen Bedingungen in den Vororten von Damaskus. Halbjährlich müssten sie das Land verlassen, um ein neues Aufenthaltsvisum zu bekommen. Es gebe keine Arbeitserlaubnis, und ohne Zugang zum ohnehin angespannten syrischen Arbeitsmarkt seien die Menschen auf Hilfe angewiesen. Die gravierende Armut, mit der irakische Flüchtlinge konfrontiert seien, zwingt laut UN immer mehr weibliche irakische Flüchtlinge in den Asylländern zur Prostitution (vgl. BBC am 22. Januar 2007).

Viele Flüchtlinge wollen nach Europa oder in die USA umgesiedelt werden. Saudi-Arabien und Kuwait haben den irakischen Flüchtlingen den Zutritt in ihr Land verwehrt. Auch Jordanien und Syrien waren schon 2005 von der hohen Zahl der Flüchtlinge überfordert und begannen mit Abwehrmaßnahmen.[120] Die jordanische „Gastfreundschaft" beendeten insbesondere die Anschläge irakischer Terroristen auf Hotels in Amman im November 2005. Seither ist es Irakern kaum noch möglich, sich für längere Zeit legal im Land aufzuhalten. Um den Flüchtlingsstrom einzudämmen, richteten beide Länder strengere Grenzkontrollen ein. Dies gilt v.a. für Jordanien.[121] Dementsprechend groß war die Zahl der Iraker, denen der Zutritt verwehrt wurde. Schätzungsweise wurde, seitdem die neuen Einreisevorschriften Anfang März 2007 eingeführt wurden, die Hälfte aller Iraker, die über die jordanische Grenze wollten, zurückgewiesen (vgl. IRIN 2007b). Oftmals blieben diese Iraker in Camps nahe der Grenze oder sie kehrten in den Irak zurück (vgl. Senanayanke 2007).

---

119 Andere Ausreiseziele irakischer Flüchtlinge waren der Jemen, die Türkei, Ägypten, der Libanon und die Golfstaaten.

120 Besonders in Jordanien leben die Flüchtlinge unter ständiger Angst vor Auslieferung: „Although it has historically been among the most welcoming countries in the world toward refugees, the Hashemite Kingdom of Jordan today ignores the existence of hundreds of thousands of Iraqi refugees, does not address their needs for protection, and has not asked for international assistance on their behalf. It is a policy that can best be characterized as 'the silent treatment'" (HRW 2006b: 2).

121 Iraker, die die jordanische Grenze passieren, müssen entweder über 40 oder unter 20 Jahre alt sein, und über genug Mittel verfügen, um sich selbst zu versorgen, solange sie sich in Jordanien aufhalten. Vor allem aber benötigen sie den neuen irakischen Reisepass: 2005 waren alle Pässe, die noch unter dem alten Regime bzw. kurz nach dem Fall Husseins ausgestellt worden waren, für ungültig befunden worden. Die neuen Pässe können indes nur innerhalb des Iraks ausgestellt werden, wo sie teuer und schwer erhältlich sind.

Doch auch diejenigen, die die syrische oder jordanische Grenze passieren durften, befanden sich in einer prekären Situation, denn beide Länder lehnten es ab, die irakischen Flüchtlinge auch „Flüchtlinge" zu nennen, sondern bezeichneten sie als „Gäste". Als solche aber erhielten sie nicht jene Unterstützung, die ihnen als Flüchtlinge laut Genfer Konvention zustehen würde. Ohnehin sind weder Syrien noch Jordanien Unterzeichnerstaaten der Konvention und haben folglich auch keine Gesetzgebung bezüglich des Status und der Behandlung von Flüchtlingen. Iraker dürfen sich nur aufgrund von zeitlich begrenzten Visa im Land aufhalten und müssen, sofern das Visum nicht erneuert wird, das Land wieder verlassen.[122]

Deportationen waren 2006 schon üblich, v.a. aus Jordanien – obwohl die Staaten auch als Nicht-Unterzeichnerstaaten u.a. aufgrund einer UN-Resolution von 1997 zur Gültigkeit der *Non-Refoulement-Regel* dazu verpflichtet sind, Flüchtlinge nicht in ihre Heimat zurückzuschicken, sofern ihr Leben dort bedroht ist (vgl. HRW 2006b: 22 ff.). Die irakischen Flüchtlinge, die bleiben konnten, wurden wiederum oft als Menschen zweiter Klasse stigmatisiert. Das vom UNHCR erlassene *Temporary Protection Regime* (TPR) wurde von der jordanischen Regierung nicht anerkannt bzw. sie bestritt, sich überhaupt jemals darauf eingelassen zu haben.[123] Oft wurden die irakischen Flüchtlinge als illegale Migranten betrachtet, die in Jordanien auf Arbeitssuche gingen, nicht aber als Flüchtlinge, die Unterstützung benötigten. Der UNHCR selbst verfügte nur unzureichend über Ressourcen und Personal, um die irakischen Flüchtlinge zu schützen und zu unterstützen. Für das Jahr 2007 war sein Etat zudem auf weniger als die Hälfte geschrumpft, was vor allem darauf zurückzuführen war, dass seit der US-Invasion im Irak 2003 Einzahlungen von Seiten der USA, der Europäischen Union, Japan und Australien drastisch zurückgegangen waren. Aufgrund des Regimewechsels war nach Ansicht der politischen Führungen in den Interventionsländern die Hauptursache für die Flucht von Irakern in und aus ihrer Heimat entfallen. Im Jahr 2003 hatte der UNHCR-Etat allein für den Irak

---

122 In Syrien erhalten die irakischen Flüchtlinge Visa mit einer Gültigkeit von 15 Tagen. Sofern Iraker dieses Visum verlängern wollen, müssen sie zunächst einen Monat lang Syrien verlassen. Am 5. Februar 2007 demonstrierten 200 irakische Flüchtlinge vor dem Büro des UNHCR in Damaskus gegen diese Behandlung.

123 Als Antwort auf die Flüchtlingsströme ab April 2003 erklärte der UNHCR im Namen der irakischen Flüchtlinge ein *Temporary Protection System* in Jordanien, Syrien und im Libanon. Vom UNHCR als Flüchtlinge anerkannte Iraker sollten Asylsucherkarten erhalten, die einen Aufenthalt in diesen Ländern erlaubten. Ein „Letter of Understanding" zwischen dem UNHCR und diesen Ländern sollte als rechtliche Basis dienen. Doch die jordanische Regierung interpretierte diesen Brief anders als der UNHCR und erkannte das System nur im Zusammenhang mit dem al-Ruwaishid-Camp nahe der irakischen Grenze an, das weniger als 500 Flüchtlinge aufnehmen kann. Der UNHCR fuhr dennoch damit fort, Karten auszustellen und diese alle sechs Monate zu erneuern, obwohl jordanische Beamte diese nicht akzeptierten.

150 Million US-Dollar betragen, für 2007 standen davon nur noch 20 Prozent, d.h. knapp 30 Millionen US-Dollar, zur Verfügung (vgl. Leukefeld 2006b). Ende Juni gab das irakische Parlament vor diesem Hintergrund seine Überlegungen bekannt, der Notlage irakischer Flüchtlinge mit 3 Prozent der Einnahmen durch die Ölexporte gerecht werden zu wollen (vgl. IRIN 2007c).[124]

Im April 2008 verlautete der UNHCR, dass nicht einmal die Hälfte der für die Versorgung der irakischen Flüchtlinge im In- und Ausland benötigten 261 Millionen US-Dollar für 2008, von den Gebern gespendet worden wären (IRIN 2008e). Unterdessen nimmt der UNHCR an, dass der Bedarf an Hilfsleistungen weiter steigen wird. Während im September 2007 nur 33.000 Vertriebene und Flüchtlinge mit Nahrungsmitteln unterstützt worden seien, wären es im April 2008 immerhin bereits 110.000 gewesen. Bis zum Ende des Kalenderjahres 2008 solle sich diese Zahl noch um mehrere Zehntausende erhöhen. Weitere 12.000 Flüchtlinge im In- und Ausland erhielten zudem eine finanzielle Unterstützung von 100 bis 200 US-Dollar monatlich für „most urgent needs" (IRIN 2008e).

Der internationalen Gemeinschaft war klar, dass sich Jordanien und Syrien aufgrund der starken Flüchtlingsströme zu einer solchen Behandlung genötigt sahen und sogar die Grenzen ganz schließen könnten. Um dies zu verhindern, begann der UNHCR im März 2007 Notcamps in Jordanien, Syrien, Kuwait und Saudi-Arabien zu errichten, die die Flüchtlinge von der lokalen Bevölkerung und der lokalen Wirtschaft trennen sollten.[125]

---

124 Mit 115 Milliarden Barrel erwiesener Ölressourcen verfügt der Irak über die weltweit zweitgrößten Ölvorkommen. Bisher sind nur 17 der 80 Ölfelder erschlossen worden. Die Ölwirtschaft trug vor dem Krieg zu 45 Prozent zum Bruttoinlandsprodukt bei. Nach dem Regimewechsel stieg die Ölproduktion, die während des Krieges nahezu gestoppt worden war, wieder an. In der ersten Jahreshälfte 2007 stammten 90 Prozent der Staatseinnahmen aus dem Export von Öl. 1,6 bis 2,2 Millionen Barrel pro Tag wurden produziert (gegenüber den anvisierten 3,5 Millionen Barrel), 1,5 Millionen Barrel täglich exportiert. 2007 beliefen sich die monatlichen Einnahmen auf etwa 3 Milliarden US-Dollar. In Anbetracht der Bedeutung der Ressource Öl ist die Verteilung der Einnahmen aus dem Ölexport zwischen den Bevölkerungsgruppen, Interessengruppen und Parteien höchst umstritten. Das irakische Kabinett einigte sich am 3. Juli 2007 auf den Entwurf eines neuen Erdölrahmengesetzes (vgl. Auswärtiges Amt 2007; OPEC 2006). Andere Vorschläge des Parlaments zur Unterstützung der Flüchtlinge beinhalteten die Verteilung von Essensrationen an Flüchtlinge sowie die Einrichtung eines sozialen Netzwerks zur Finanzierung von Bildung und Gesundheitsdiensten für solche Flüchtlinge, die diese Dienste nicht bezahlen konnten.

125 „The countries neighboring Iraq would prefer that we establish what they call 'safety zones' inside Iraq", so der Direktor des UNHCR-Zentrums für den Nahen Osten und Nordafrika, Radhouane Nouicir. "I don't want to imagine the scenario whereby Syria and Jordan would close their borders, because that would be really a humanitarian tragedy" (zit. in Senanayake 2007).

Von verschiedenen Stellen wurde vor diesem Hintergrund kritisiert, dass der Irak zwar hinsichtlich sicherheitsrelevanter, politischer und militärischer Belange erhebliche Unterstützung von der internationalen Gemeinschaft bekomme, sie aber zu wenig Augenmerk auf die Notlage der Flüchtlinge lege.[126] Insbesondere wurde beanstandet, dass die USA die Flüchtlingsproblematik nicht anerkennten. *Amnesty International* warnte vor einer neuen humanitären Krise im Mittleren Osten, sofern die internationale Gemeinschaft nicht endlich Maßnahmen ergreife, um den irakischen Flüchtlingen zu helfen. Sowohl Syrien als auch Jordanien benötigten dringend Unterstützung bei der Bereitstellung von Unterkünften, Lebensmitteln und Gesundheitsdiensten für die irakischen Flüchtlinge in ihren Ländern (vgl. RFE/RL am 16. April 2007). Bis zu 8 Millionen Iraker – Flüchtlinge oder nicht – waren in 2007 nach Angaben der UNO „dringend" auf ausländische Hilfen angewiesen. Der Sprecher des UNHCR, Peter Kessler, warf der internationalen Gemeinschaft vor, die Situation der irakischen Flüchtlinge systematisch zu ignorieren.[127]

Auch Berichten von *Amnesty International* zufolge hat sich die Situation im Irak 2007 nicht verbessert. Zwei von drei Irakern hätten keinen Zugang zu sauberem Trinkwasser. Mehr als 40 Prozent der Iraker müssten mit weniger als einem US-Dollar am Tag überleben, jeder zweite im erwerbsfähigen Alter sei arbeitslos. Seit 2006 sei zudem eine stetige Zunahme sektiererischer Gewalt zu verzeichnen, die Vertreibung Andersgläubiger nehme seither drastisch zu (AI 2008).

Wie schon 2006 führte der Irak laut UNHCR auch 2007 wieder die Liste der Herkunftsstaaten von Asylbewerbern an. Die Zahl der Asyl suchenden Iraker stieg im genannten Zeitraum von 22.908 auf 45.247 (UNHCR 2008). Westliche Länder kamen diesen Gesuchen kaum nach. Immer wieder wurde den USA seitens internationaler Organisationen erfolglos nahe gelegt, sie hätten eine besondere Verantwortung für die Flüchtlinge und Vertriebenen im Irak.[128] In

---

126 „So far very little - in relative terms - has been said in relation to the humanitarian situation and in particular the situation of the people who have been displaced by violence and insecurity", so der Verantwortliche für die UNHCR-Operation im Irak, Marco Roggia (zit. in Mite 2007). Der Präsident von *Refugees International*, Kenneth Bacon, sagte: „The United States and its allies sparked the current chaos in Iraq, but they are doing little to ease the humanitarian crisis caused by the current exodus" (zit. in Weaver 2006).

127 So konstatierte Kessler: "There has been an abject denial of the impact, the humanitarian impact, of the war, the huge displacement within Iraq of up to 1.9 million people who are homeless because of the war, and those people who are homeless and never got back to the homes after Saddam Hussein was overthrown" (zit. in Senanayake 2007).

128 "U.S. policy and military action helped create the dreadful situation that now prevails in Iraq, yet up until now very few Iraqis displaced as a result of war have been allowed to

den Ländern der EU zeigte sich ein ähnliches Bild: Im Jahre 2006 erreichten von Hunderttausenden irakischen Flüchtlingen nach UN-Angaben lediglich 19.400 die Europäische Union, von denen Schweden 9.000 aufnahm. 2007 gewährte die Europäische Union, allen voran Schweden, immerhin 38.289 Irakern Asyl, was einem Zuwachs von 98 Prozent entsprach (UNHCR 2008).[129] Dabei handelte es sich meist um Iraker der gebildeten und – vergleichsweise - vermögenden Mittelschicht, die ihre Häuser und Wohnungen verließen, Eigentum verkauften und flohen, weil sie für sich und ihre Kinder keine Perspektive in ihrer Heimat sahen. Gefälschte Papiere für die Einreise in ein nordeuropäisches Land waren pro Person für rund 10.000 US-Dollar zu haben. Die meisten irakischen Flüchtlinge freilich blieben in der Region.

Kenneth M. Pollack, ehemaliger CIA-Spezialist für den Irak und im Jahre 2002 Befürworter einer - wenn nötig auch mit militärischen Mitteln vorzunehmenden - „demokratischen Umwälzung" in diesem Land,[130] sowie Daniel L. Byman, Mitglied der „9/11-Commission",[131] befürchteten drei Jahre nach der Invasion, dass sich die Flüchtlingszahlen bei zunehmender Gewalteskalation noch verdreifachen und die Flüchtlinge über Jahre nicht mehr in den Irak zurückkehren könnten (vgl. Pollack/Byman 2006). Damit würden irakische Flüchtlinge zugleich auch ein großes Konfliktpotential für die Region darstellen.[132] Das zeige sowohl die Geschichte der Flüchtlinge in Palästina als auch das Beispiel Zaire.[133]

---

take refuge in the U.S.", so der Direktor des Nahost- und Nord-Afrika-Programms von *Amnesty International*, Malcolm Smart, und: "The U.S. authorities must stand up to their obligations on this issue and help lead the effort to provide long-term, durable solutions for Iraqi refugees" (AI 2007).

129   2008 stellten in den ersten fünf Monaten 2.958 Iraker in Deutschland einen Antrag auf politisches Asyl, was sie zur größten Gruppe unter den Asylbewerbern werden ließ. Die nächstgrößten Asylbewerbergruppen im gleichen Zeitraum waren Personen aus Serbien (654) und aus der Türkei (647) (Rößler 2008).

130   Siehe entsprechende Ausführungen in „Die Transformation des Mittleren Ostens. Das neue transatlantische Projekt", Asmus/Pollack (2002).

131   Die „9/11-Commission" ist die *National Commission on Terrorist Attacks on the United States*, die das Weiße Haus u.a. hinsichtlich seiner Antiterrorpolitik berät.

132   Vgl. zu dieser Thematik auch Ferris (2007).

133   Gerade Flüchtlingscamps, so Pollack und Byman, bürgen ein großes Risiko, da sie ein Asyl für militante Gruppierungen darstellten und hier neue Anhänger rekrutierten. Zwar befänden sich die meisten irakischen Flüchtlinge nicht in Camps, sondern seien innerhalb der Bevölkerung verteilt: „But refugees, whether in camps or not, can also corrode state power from the inside, fomenting the radicalization of domestic populations and encouraging rebellion against host governments" (Pollack/Byman 2006).

Das Konfliktpotenzial, das irakische Flüchtlinge in Nachbarländern darstellten, schätzten Pollack und Byman für Syrien am stärksten ein, da das Regime Bashar al-Assads besonders schwach sei und die meisten Syrer – wie viele Iraker hier – Sunniten seien, al-Assad jedoch Alawit. Iraker könnten die syrischen Sunniten radikalisieren. Auch in Jordanien seien Konflikte vorprogrammiert. So habe der im Juni 2006 bei einer Aktion des US-Militärs getötete Abu Musab al-Zarqawi den Irak bereits genutzt, um gegen Jordanien zu operieren und im Jahre 2005 irakische Terroristen in Amman drei Hotels zerbomben zu lassen. Für Saudi-Arabien sahen Pollack und Byman folgendes Szenario: Geflohene irakische Schiiten unterstützen saudische Schiiten, etwa durch Waffenlieferungen. Gleichermaßen könnten irakische Sunniten, „von denen viele das saudische Regime als größeren Satan betrachten als sogar George W. Bush", saudische Terroristen unterstützen, die das Regime schon seit 2003 offen bekämpften. Der Iran dagegen könnte die schiitischen Flüchtlinge als Möglichkeit verstehen, seinen Einfluss im Irak auszuweiten, indem Militante unter ihnen unterstützt und kooptiert würden. Teheran trainiere, unterstütze in finanzieller Hinsicht und bewaffne verschiedene irakische Schiitengruppen und habe eine recht große Flüchtlingsgemeinde im Land – dies vereinfache die genannten Bemühungen. Doch die Präsenz Hunderttausender Schiiten könne auch Druck auf Teheran ausüben, im Irak direkt zu intervenieren oder sunnitische Gewalt gegen die schiitische Gemeinschaft zu stoppen. In Kuwait sahen Pollack und Byman die Gefahr, dass die Anwesenheit von einigen wenigen Hunderttausend irakischen Schiiten die politische Balance kippen könnte: Etwa ein Drittel der 1 Million Kuwaiter seien Schiiten, die Regierung sunnitisch. Eine Förderung schiitischer Kräfte könne also durchaus drastische politische Veränderungen hervorrufen. Drei Jahre nach der Intervention begannen also auch der Bush-Regierung nahe stehende Experten zu befürchten, wovor bereits im Jahre 2002 eine Reihe europäischer und nahöstlicher Regierungen, Wissenschaftler und Geheimdienste gewarnt hatten.

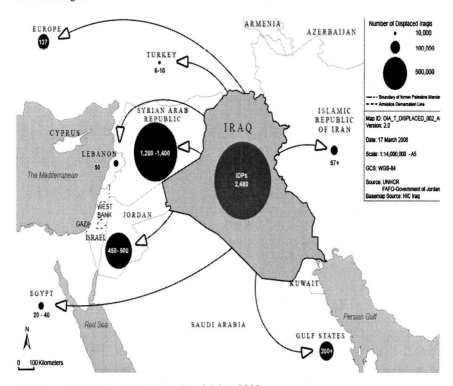

Abbildung 4: Irakische Vertriebene, Stand: März 2008
Quelle: UNHCHR
(http://www.reliefweb.int/rw/fullMaps_Sa.nsf/luFullMap/A0114EFB7F663787852574160
06CAEF8/$File/ocha_IDP_irq080317.pdf?OpenElement; letzter Zugriff 04.06.2008)

4.3 Remigration

Die Arbeit des UNHCR basierte in den ersten Jahren nach dem Fall des Regimes von Saddam Hussein auf der Annahme, die Situation im Irak würde sich stabilisieren und eine Rückkehr geflüchteter Iraker sei schnell möglich. Zwischen 2003 und 2005 kehrten etwa 325.000 Iraker aus den Nachbarländern nach Hause zurück, etwa 3.000 wurden mit Hilfe des UNHCR umgesiedelt. Die Zahl irakischer Flüchtlinge in iranischen Camps sank bis Februar 2005 von 50.000 auf 8.000. Die Umsiedlungen und die Zahl der Rückkehrer begannen danach jedoch zu stagnieren, insbesondere seit Februar 2006 im Zusammenhang mit der Verschärfung der Sicherheitslage nach den Anschlägen in Samarra.[134] Der UNHCR unterzog vor diesem Hintergrund seine Arbeit einer Neueinschätzung und verlagerte die Prioritäten. Im Dezember 2006 publizierte er neue Empfehlungen für Rückkehrmaßnahmen sowie eine Stellungnahme zum internationalen Schutz irakischer Flüchtlinge. Vor allem aus dem Süden und dem Zentrum Iraks geflohene Personen sollten nicht zu einer Rückkehr gezwungen werden.[135] Diese Stellungnahme wurde auch von der irakischen Regierung bestätigt: Die „Gesamtsituation" sei momentan für große Rückkehrwellen nicht geeignet.

Dementsprechend modifizierte der UNHCR seine Ziele dahingehend, verstärkt Binnenvertriebene und Flüchtlinge aus anderen Ländern im Irak zu unterstützen.[136] Im Irak befanden sich im Frühjahr 2007 43.000 bis 45.000 Flüchtlinge aus anderen Ländern. Die größte Gruppe der Flüchtlinge im Irak stellten, wie schon erwähnt, Palästinenser dar; darüber hinaus hielten sich Flüchtlinge aus der Türkei (v.a. Kurden), aus Syrien und einige wenige aus afrikanischen Ländern im Irak auf (vgl. Chanaa 2005: 18; UNHCR 2007e). Darüber hinaus sollte außerhalb des Landes verstärkt mit den Aufnahmeländern zusammengearbeitet werden, um diese zu unterstützen und Iraker dort vor Ausweisungen etc. zu schützen (vgl. UNHCR 2007e: 3 f.).

Vermehrt wurde auch die Umsiedelung von Irakern in andere, insbesondere westliche Länder gefordert. Der UNHCR formulierte das Ziel, bis Ende 2007

---

134 „Spiralling sectarian, political and criminal violence, dwindling basic services, loss of livelihoods, inflation and uncertainty about the future have discouraged many Iraqis from returning and spurred the flight of hundreds of thousands to destinations within and beyond Iraq's borders" (UNHCR 2007c: 4).

135 "No Iraqi from Southern or Central Iraq should be forcibly returned until such time as there is substantial improvement in the security and human rights situation in the country" (UNHCR 2006: 4).

136 „UNHCR needs to shift the focus of its activities from addressing the needs of returnee Iraqis to addressing critical issues arising out of the massive ongoing displacement while retaining its role in regard to ongoing activities in relation to refugees (non-Iraqis) in the country" (UNHCR 2007e: 1).

20.000 Iraker umzusiedeln. Zwischen 2003 und 2006 waren nur etwa 3.000 irakische Flüchtlinge umgesiedelt worden, was insbesondere der Weigerung von EU-Ländern und der USA geschuldet war, irakische Flüchtlinge aufzunehmen. Die USA akzeptierten zwischen 2003 und Anfang 2007 nur 466 irakische Flüchtlinge. Ende 2006 verkündete das US-Büro für Bevölkerung, Flüchtlinge und Migration (BPRM), bis September 2007 etwa 7.000 irakische Flüchtlinge aufnehmen zu wollen (RI 2007: 2). In der Tat übergab der UNHCR bis Mai 2007 etwa 3.000 Iraker an US-Behörden – von ihnen wurden jedoch nur 68 tatsächlich umgesiedelt. Die große Mehrzahl musste in ihrem jeweiligen Asylland bleiben. Die USA nahmen 2007 lediglich 734 Iraker auf (UNHCR 2008). Kanada war bereit, insgesamt 2.100 Flüchtlinge (nicht nur irakische), die sich in Damaskus, Ankara und Kairo aufhielten, aufzunehmen. Auch Australien und die skandinavischen Länder signalisierten Bereitschaft, kleinere Gruppen von Flüchtlingen zu akzeptieren.[137] Pogrome gegen Christen ließen die EU Überlegungen anstellen, dem UNHCR die Aufnahme eines Kontingents irakischer Flüchtlinge zuzusagen und diese dann unter den europäischen Ländern zu verteilen.

Markus Sperl (2007) übt in einer Studie zur Asylpolitik der EU-Staaten gegenüber irakischen Flüchtlingen scharfe Kritik. Eine einheitliche Politik hinsichtlich der Anerkennung von Flüchtlingen als auch der Haltung zu erzwungener Rückkehr habe es nicht gegeben. Die meisten EU-Staaten seien nicht bereit gewesen, auch nur ein Minimum an Flüchtlingsschutz bereit zu stellen. Vielmehr hätten sie ihren Unwillen demonstriert, den Empfehlungen des UNHCR Folge zu leisten sowie die Last der Nachbarländer des Iraks durch temporäre Einsiedelungen zu teilen. Nicht zuletzt zwinge die europäische Grenzpolitik Asylsuchende dazu, illegal in die EU einzureisen. Im Juli 2007 rief das Europäische Parlament die Mitgliedsstaaten dazu auf, ihre passive Haltung hinsichtlich der irakischen Flüchtlingskrise aufzugeben und den Verpflichtungen durch internationale und Gemeinschaftsgesetze nachzukommen (Europäisches Parlament 2007, Paragraph 8). Für die christliche Minderheit verschlechterte sich die Situation im Irak so dramatisch, dass die deutsche Regierung im April 2008 beschloss, „mehrere Tausend" irakische Christen im Rahmen einer „Kontingentlösung" aufzunehmen.[138]

---

137 Schweden nahm im Jahre 2007 732 Iraker auf (die Zahl der Asyl-Antragsteller belief sich auf etwa 8.000). In Großbritannien wurden 300 Kontingentflüchtlinge aufgenommen, in den Niederlanden 125.

138 2007 hatte die Bundesrepublik 4.171 Irakern Asyl geboten (UNHCR 2008). - „Kontingentlösung" bedeutet eine von den zuständigen Behörden erteilte Ausnahmezusage, die den Betroffenen im Gegensatz zu Asylbewerbern ermöglicht, eine Arbeit aufzunehmen, eine Wohnung und Ausbildungsplätze zu suchen und Sozialleistungen zu beanspruchen.

Es gab indes auch eine „erhebliche Zahl" irakischer Flüchtlinge, die trotz Warnungen und der Reduzierung von Repatriierungshilfen des UNHCR nicht länger in der unsicheren Situation außerhalb des Landes als Flüchtlinge verharren wollten und entschieden, in den Irak zurückzugehen (vgl. Al-Yasiri 2007). Für die meisten stellte sich heraus, dass es unmöglich war, das alte Leben wieder aufzunehmen. Viele hatten ihr Haus verkauft, bevor sie den Irak verlassen hatten, anderen war ihr Eigentum in der Zeit ihrer Abwesenheit genommen worden. So fanden sie sich bei ihrer Rückkehr neuerdings als Vertriebene wieder oder schufen neue Vertreibungen, indem sie diejenigen, die illegal ihr Haus während ihrer Abwesenheit besetzt hatten, verjagten. Auf diese Weise wurde auch der Mangel an Wohnhäusern im Irak verschärft. Die Regierung sah sich nur beschränkt in der Lage, für Rückkehrer etwas zu tun. Hamdia Najaf, stellvertretende Migrationsministerin der 2005 eingesetzten irakischen Regierung unter Ibrahim al-Dschafari, bekannte, die Rückkehrer seien auf absehbare Zeit nicht die Priorität des Ministeriums. Vorrang vor Rückkehrern hätten Binnenvertriebene (vgl. Al-Yasiri 2007).Im Irak waren die negativen humanitären Folgen der Intervention noch dramatischer als im Kosovo und in Afghanistan. Zehntausende kamen um, und im Irak und in der Region entwickelte sich eine Flüchtlingskrise, die die bisherigen Dimensionen sprengte. Die politischen Ziele, die mit dem Regimewechsel beabsichtigt gewesen waren, konnten auch hier nicht erreicht werden. Unter dem Gesichtspunkt westlicher Sicherheit, deren Verbesserung eine dem Regimewechsel und der Intervention inhärente Zielsetzung gewesen war, wirkte sich der militärische Eingriff ebenfalls negativ aus. Viele Beobachter konstatierten, dass es in den vorangegangenen Jahrzehnten wohl keine außenpolitische Entscheidung Washingtons gegeben habe, die in einem solchen Ausmaß zur Mobilisierung antiwestlicher Stimmungen und terroristischer Kräfte beigetragen habe, wie die Entscheidung, in den Irak einzumarschieren.

5 Schlussfolgerungen

Ziel dieser Arbeit war, den Zusammenhang zwischen zwei miteinander verknüpften Phänomenen aufzuzeigen: einerseits drei Interventionen, die auf einen Regimewechsel abzielten und allesamt mindestens partiell humanitär begründet waren sowie in der Regimewechseldimension selbst eine sogar vorrangig behauptete humanitäre Intention (Menschenrechte, Rechtsstaatlichkeit, interethnischer Friede, Demokratie) verfolgten; und andererseits den Folgen dieser Interventionen unter humanitären, insbesondere Migrationsaspekten.

Erstens lässt sich festhalten, dass die Erwartungen, die mit den Interventionen verbunden waren, in keinem der Fälle erfüllt worden sind.

Unter humanitären Aspekten gilt diese Wertung in besonderem Maße. In allen drei Fällen war die humanitäre Lage vor der Intervention schlecht; am schlechtesten in Afghanistan. Die Interventionen eliminierten einen Teil der politischen Ursachen für diese Zustände. Dennoch stellen die durch die Regimewechsel induzierten Verbesserungen keine akzeptable Rechtfertigung für die militärischen Eingriffe dar, weil diese Verbesserungen durch negative Implikationen der Kriege konterkariert wurden. Infolge der Intervention gab es eine große Zahl von Getöteten, Verletzten, Vertriebenen, neue Menschenrechtsverletzungen und neues Unrecht.

Die negative Beurteilung gilt auch für den Kosovo-Krieg, weil auch das prospektive Argument, die Eskalation zwischen Serben und Albanern hätte möglicherweise zu einem „neuen Srebrenica" geführt, keine akzeptable Begründung für eine Intervention ist, die selbst tragische Folgen zeitigte. Im Kosovo wurde die Eskalation nicht verhindert, sondern erreichte ein bis zu diesem Zeitpunkt nicht da gewesenes Ausmaß, als die Bombardements begannen. Wie ausgeführt, wurden während der NATO-Offensive etwa 10.000 bis 12.000 Kosovo-Albaner sowie 3.000 bis 5.000 Serben getötet. Davon waren mindestens 500 direkt auf die Luftangriffe der NATO zurückzuführen. Diese Opferzahlen waren deutlich höher als jene, die seit dem Ausbruch bewaffneter Kämpfe im Jahr 1998 bis zum Beginn der NATO-Offensive im März 1999 verzeichnet worden waren – knapp 1.500 Kosovo-Albaner sowie 140 Angehörige der serbischen Polizei und Armee.

Zudem bewirkte die Intervention massive Fluchtbewegungen. Bis zum Ende der NATO-Offensive im Juni 1999 waren knapp 1 Million Menschen aus dem Kosovo geflüchtet; eine halbe Million wurde zu Binnenvertriebenen. Ein Erfolg von NATO, KFOR und UNO war zweifellos, dass fast alle nach Beendigung des Krieges wieder zurückkehrten. Allerdings hatten vier von fünf der zurückgekehrten Flüchtlinge erst infolge der NATO-Intervention den Kosovo verlassen. Das Leben der Kosovo-Albaner konnte sich mit Hilfe der internationalen Gemeinschaft normalisieren; auch das ist ein Erfolg. Allerdings verschlechterte sich die Situation der Serben und anderer Minoritäten im Kosovo dramatisch, denn ihre Vertreibung begann mit dem ersten Tag der Rückkehr der kosovo-albanischen Flüchtlinge. Übergriffe auf Angehörige ethnischer Minderheiten konnten durch die internationalen Truppen nicht verhindert werden. Etwa 240.000 Angehörige von Minderheiten flohen während des Krieges und danach. Von ihnen kamen bis 2007 höchstens 12.000 zurück. Ihr Leben war auch acht Jahre nach dem Krieg von einer Normalisierung weit entfernt; die Zurück-gekehrten können sich nur unter Schutz der KFOR-Truppen bewegen. Wie unsicher ihre Lage blieb, zeigten die Gewaltexzesse von Kosovo-Albanern gegen Serben und andere Minderheiten im März 2004. Das Ziel eines multi-ethnischen Kosovo gilt seitdem als gescheitert.

Mit Blick auf die im Februar 2008 deklarierte und von den meisten EU- und NATO-Mitgliedstaaten akzeptierte Unabhängigkeitserklärung des Kosovo kündigte die Allianz ein fortdauerndes Engagement an und verstärkte bereits ab Dezember 2007 ihre Kräfte, um dem befürchteten Ausbruch neuer Gewalt-tätigkeiten und weiteren Vertreibungen vorzubeugen. Selbst im Kosovo ist demnach auch die systemische Bilanz des Regimewechsels – unter den Aspekten von Rechtstaatlichkeit und Demokratie – wenig befriedigend. Unter-strichen wurde dies auch von der Europäischen Union, die kurz vor der Unab-hängigkeitserklärung beschloss, zusätzlich 1.600 Spezialisten, Fachkräfte und sonstiges Personal vor allem für polizeiliche und rechtsstaatlich-administrative Aufgaben in den Kosovo zu entsenden.

Im Falle der Afghanistan-Intervention betrug die Zahl der direkten, durch die Kriegführung der US-geführten Koalition getöteten Zivilisten etwa 1.300 bis 3.000. Die Zahl der im Rahmen von „Kollateralschäden" und Folgen der *Operation Enduring Freedom* getöteten Zivilisten wird auf minimal 10.000 und maximal 20.000 geschätzt. Die Zahl der Flüchtlinge, die Afghanistan infolge der Intervention verließen, war dagegen sehr viel geringer, als man erwartet hatte, und kleiner als die Flüchtlingsströme, die Afghanistan und seine Nachbarn in den Jahrzehnten des Bürgerkrieges zuvor erlebt hatten. Der Grund war aller-dings, dass die Nachbarländer Pakistan und Iran, in denen bereits große Zahlen afghanischer Flüchtlinge lebten, ihre Grenzen zu Afghanistan weitgehend geschlossen hatten. Zugleich waren die westlichen Länder aufgrund der Angst, Terroristen zu „importieren", nicht bereit, afghanischen Flüchtlingen Schutz zu gewähren. Vor diesem Hintergrund waren bis Ende des Jahres 2001 nicht mehr als 130.000 bis 200.000 zusätzliche Flüchtlinge zu verzeichnen. Zugleich aber erhöhte sich die Zahl der Binnenvertriebenen um etwa 1,0 bis 1,2 Millionen auf annähernd 2 Millionen.

Der Sturz der Taliban führte dann aber im Jahre 2002 anfangs ebenfalls zu einer großen Remigrationswelle: Mehr als 2 Millionen Menschen kehrten in diesem

Jahr in ihre Heimat zurück.[139] Die Hoffnungen der Rückkehrer verwandelten sich dann allerdings sukzessive in Enttäuschung darüber, dass weder unter Sicherheits- noch unter wirtschaftlichen Aspekten die Erwartungen erfüllt wurden. Die Zahl der afghanischen Flüchtlinge wurde Ende 2006 noch immer mit 2,1 bis 3,5 Millionen beziffert – damit blieben die Afghanen die weltweit größte Flüchtlingsbevölkerung. Laut HWR hielten sich 2008 allein in Pakistan und Iran noch 3 bis 4 Millionen afghanische Flüchtlinge auf (HRW 2008).

Die *Operation Iraqi Freedom* forderte im Vergleich zu den Interventionen im Kosovo und Afghanistan die höchste Zahl von Opfern, die durch militärische Auseinandersetzungen ums Leben kamen. Insgesamt wurde die Zahl der zivilen irakischen Opfer auf 25.000 geschätzt; mehr als 9.000 starben durch Operationen der US-geführten Koalition. Die Weltgesundheitsorganisation (WHO) schätzte – über die oben erwähnten Zahlen des IBC hinausgehend - Anfang 2008, dass in den drei Jahren, die der US-geführten Intervention im März 2003 folgten, zwischen 104.000 und 223.000 Iraker eines gewaltsamen Todes gestorben seien, das seien durchschnittlich täglich mindestens 120 Iraker gewesen. Laut WHO wurde Gewalt zur Hauptodesursache für irakische Männer zwischen 15 und 59 Jahren.[140] Zudem verschärfte die Intervention die Flüchtlingslage im Irak dramatisch, zum einen unmittelbar im Kontext der Intervention, zum anderen im weiteren Verlauf nach dem Sturz des Hussein-Regimes und der Besetzung durch ausländische Truppen, infolge des Kollaps der irakischen gesellschaftlichen und politischen Strukturen und der Instabilitäten, die solcherart hervorgerufen wurden. Insgesamt flohen von Beginn der Intervention bis zum Frühjahr 2008 etwa 2 Millionen Iraker in die Nachbarländer, vor allem nach Syrien und Jordanien. 2,7 Millionen Iraker galten zudem als Binnenvertriebene. Diese Zahlen entsprachen in etwa der Größenordnung der kurdischen Flüchtlinge, die nach der Niederschlagung ihrer Aufstände im Februar 1991 den Irak verlassen hatten. Darüber hinaus galten nach der Intervention 2003 1,9 Millionen Iraker als Vertriebe in ihrem eigenen Land. Die UNO schätzte im November 2006, dass jeden Monat etwa 100.000 Iraker ihr Zuhause verließen. Im April 2007 war von 40.000 bis 50.000 irakischen Flüchtlingen pro Monat die Rede. Die Flucht aus und innerhalb des Iraks avancierte damit zur sich am schnellsten entwickelnden Flüchtlingskrise der Welt.

Die humanitäre Situation gestaltete sich in Bezug auf Irak und Afghanistan auch deswegen so dramatisch, weil es dort ein Evakuierungsprogramm wie für den Kosovo, durch das von dort knapp 100.000 Menschen in das sichere Ausland

---

139 Diese Angabe berücksichtigt jedoch nicht, wie oben ausgeführt, das Problem der *Recycler*, deren Zahl auf 200.000 bis 500.000 geschätzt wird, sowie die parallel verlaufende Arbeitsmigration.

140 Die WHO bezieht sich auf eine Untersuchung der *Iraq Family Health Survey Study Group*, die in *The New England Journal of Medicine* (2008) veröffentlicht wurde.

gebracht worden waren, nicht gab. Im Gegenteil: Westliche Länder schlossen
weitgehend ihre Türen für afghanische und irakische Flüchtlinge. Auch in den
Nachbarländern Pakistan und Iran bzw. Jordanien und Syrien hatten die
afghanischen Flüchtlinge keinen Schutz zu erwarten, da diese Länder mit der
bereits großen Zahl an Flüchtlingen überfordert waren. Es gab nicht nur keine
Bereitstellung finanzieller Ressourcen für diese Länder durch die Interventen,
sondern deren Abschottung wurde im Gegenteil mit dem Verweis auf terroristische Gefahren noch unterstützt.

Eine Modifikation – die Aufnahme christlicher „Kontingentflüchtlinge" - gab es
erst im Frühjahr 2008, als eine weitere menschenrechtlich-kontraproduktive
Folge der Intervention ein Ausmaß annahm, das in westlichen Ländern den
Druck auf die Politik erhöhte: die Verfolgung und Vertreibung von Christen aus
dem Irak. Im April 2008 wies der deutsche Bundestagsabgeordnete Hermann
Gröhe darauf hin, dass der fast zweitausendjährigen Geschichte der Christen auf
dem Gebiet des heutigen Iraks das Ende drohe. Von den einst 1,5 Millionen
Christen seien nach Angaben der UNO Anfang 2008 nur noch rund 600.000 im
Irak verblieben, davon etwa 100.000 als Binnenvertriebene im kurdischen
Norden des Landes (Gröhe 2008).

In allen drei Fällen wurden zweitens im Gefolge der jeweiligen Intervention
ungeheure personelle und finanzielle Kapazitäten aufgewendet, um die verfolgten Absichten umzusetzen. Der Mitteleinsatz reichte indes in keinem Fall
aus, um die Folgen der Intervention zu bewältigen und den Transformations-
zielen gerecht zu werden. Die Aufwendungen für die fortgesetzten militärischen
Aktivitäten und Sicherungsmaßnahmen in den drei Ländern betrugen und
betragen ein Vielfaches dessen, was für zivile Zwecke eingesetzt wurde und
wird. Dies ergibt sich aus der Logik, dass Sicherheit (inklusive und an erster
Stelle die Sicherheit der ausländischen Truppen) als Basis für die Realisierung
aller anderen Zielsetzungen erachtet wird. Diese Sicherheitslage hat sich aber
nur in einem der Fälle – Kosovo – verbessert; allerdings erst, nachdem ein Großteil der serbischen und anderer Minderheiten geflohen war.

Die KFOR konnte ihre Einsatzkräfte, die nach dem Krieg 1999 loziert worden
waren, auf etwa 16.000 im Jahr 2007 reduzieren. In den beiden anderen Fällen
wurde die Truppenpräsenz sukzessive ausgeweitet, wobei die Knappheit
verfügbarer Ressourcen den eigentlich für notwendig erachteten militärischen
Mitteleinsatz beschränkt und Kampftruppen zur Eindämmung einer stärker wer-
denden militanten Opposition eine zunehmend prominente Stellung einnehmen.

Die Diskrepanz zwischen militärischem und zivilem Aufwand wird besonders
deutlich, wenn man den Mitteleinsatz in den drei Fällen vergleicht. Im Kosovo,
mit etwa 10.000 qkm so groß wie Schleswig-Holstein, 2 Millionen Einwohnern,
einer der NATO gegenüber dankbaren albanischen Bevölkerung und einer
kleinen Minderheit von Serben, die gleichwohl nur unzureichend geschützt

werden konnte, wurden unmittelbar nach Beendigung der Kampfhandlungen 50.000 Soldaten disloziert. Afghanistan ist doppelt so groß wie Frankreich, die Bevölkerungszahl beträgt weit mehr als das Zehnfache der ehemaligen jugoslawischen Provinz und das zentralasiatische Land ist historisch wie kulturell völlig anders geprägt als der in Europa liegende Kosovo. Afghanen können in ihrer großen Mehrheit mit westlichen Verhaltens- und Politikmustern wenig anfangen. Der Widerstand gegen die Besatzung wird von Terroristen, Warlords, lokalen Milizen und Taliban getragen, die teilweise von der Bevölkerung unterstützt werden und im weitläufigen und schlecht kontrollierbaren Grenzgebiet zu Pakistan ein Rückzugs-, Rekrutierungs- und Ausbildungsgebiet haben. In Afghanistan standen in 2007 39.500 ISAF- und 10.000 Koalitionstruppen; letztere versuchen im Rahmen der *Operation Enduring Freedom*, die Aufständischen einzudämmen. Die Zahl der ISAF-Soldaten hatte im Juli 2006 noch 18.500 betragen und wurde anschließend nahezu verdoppelt.

Im Irak sind 160.000 Interventionstruppen und einige 10.000 private US-Sicherheitskräfte[141] nicht in der Lage, die Situation unter Kontrolle zu bekommen. UN-Truppen für den Wiederaufbau stehen auf absehbare Zeit praktisch nicht zur Verfügung.

Der Einsatz im Kosovo kostete die NATO während des Krieges monatlich etwa 1,5 Milliarden US-Dollar, wovon ca. 1 Milliarde US-Dollar von den USA getragen wurde. Eine Studie von *Jane's Defence Weekly* vom Oktober 1999 schätzte die militärischen Gesamtkosten auf knapp 5,5 Milliarden US-Dollar, von denen die USA mehr als die Hälfte aufbrachten. Für den wirtschaftlichen Aufbau und humanitäre Hilfe wurden zwischen 1999 und 2006 jedoch nur 2,57 Milliarden US-Dollar bereitgestellt. Die Schätzungen über die tatsächlichen Kosten des Wiederaufbaus wurden von verschiedenen Stellen unterschiedlich berechnet, betrugen aber in jedem Fall ein Vielfaches.[142]

---

141 Insgesamt sind es neben den regulären Truppen etwa 180.000 „contractors" (private Auftragnehmer), die die US-Regierung im Irak beschäftigt. Der größte Teil besteht aus Niedriglohnkräften, die v.a. in Indien, Nepal, Sri Lanka, Bangladesch und den Philippinen rekrutiert werden (vgl. Raz 2007).

142 Bezogen auf ganz Ex-Jugoslawien veranschlagte die EU-Kommission die Kosten eines „Marshall-Plans" auf 35 Milliarden D-Mark, für den Kosovo allein errechnete man 3,6 bis 6,3 Milliarden D-Mark (vgl. Berschens 1999; Vestring 1999). *Jane's Defence Weekly* schätzte knapp 43 Milliarden US-Dollar (vgl. BBC 1999; Schmid 1999), der ehemalige UN-Beauftragte für den Kosovo, Bernd Kouchner, sprach von 60 Milliarden US-Dollar, der ehemalige Weltbankchef Joseph Stiglitz schätzte die Kosten der Beseitigung der Kriegsschäden und des Wiederaufbaus sogar auf 100 Milliarden US-Dollar (vgl. Rose 2000). Diese Kostenschätzungen basieren auf errechneten direkten und indirekten Kriegsschäden. Zu den direkten Kriegsschäden zählen die durch NATO-Bombardements zerstörte Infrastruktur in Jugoslawien sowie die Verminung, die es zu beseitigen galt. Zu den indirekten Kriegsschäden gehören die Versorgung von Flüchtl-

Die militärischen Aufwendungen auf amerikanischer Seite in Afghanistan beliefen sich in den ersten 25 Tagen der *Operation Enduring Freedom* auf 400 bis 800 Millionen US-Dollar. Für den weiteren Verlauf wurden etwa 500 Millionen bis zu 1 Milliarde US-Dollar geschätzt, die die USA für die militärische Operation monatlich aufzubringen hatten bzw. haben. Für den Wiederaufbau in Afghanistan stellten NATO-Mitglieder nach eigenen Angaben im Zeitraum zwischen 2001 und 2007 26,8 Milliarden US-Dollar zur Verfügung.[143] Allerdings wurde dieses Geld auch für Projekte wie den Aufbau von Checkpoints, Tankstellen und Verbindungsstraßen verwendet, die zum größten Teil militärischen Zwecken dienen.

Nach Angaben des *Center for Strategic and Budgetary Assessment* wurden auf amerikanischer Seite zwischen 2004 und 2007 220 Milliarden US-Dollar für militärische Operationen im Krieg gegen den Irak aufgewendet, während nur 29 Milliarden US-Dollar dem Wiederaufbau („reconstruction and security assistance") zugedacht waren. Schätzungen zufolge werden allerdings mindestens weitere 18 bis 28 Milliarden US-Dollar für den Wiederaufbau benötigt. Die militärischen Ausgaben hingegen werden, selbst wenn die Aufwendungen in den kommenden Jahren rückläufig sein sollten, auf weitere 100 bis 200 Milliarden US-Dollar geschätzt (vgl. Center for Strategic and Budgetary Assessments 2008).

Zusammengenommen gaben die USA nach Angaben des *Stockholm International Peace Research Institute* (SIPRI) für den „Krieg gegen den Terror" im Irak und in Afghanistan zwischen September 2001 und Juni 2006 381 Milliarden US-Dollar aus.[144] Die noch zu erwartenden Kosten für militärische Aktivitäten unter dem Stichwort Antiterrorkrieg wurden für den Zeitraum bis zum Jahr 2014 auf weitere 458 Milliarden US-Dollar geschätzt.[145]

---

ingen in den Aufnahmeländern sowie die Handels-, Tourismus- und Transporteinbrüche.

143   10,5 Milliarden US-Dollar davon sind allerdings auf der Londoner Afghanistan-Konferenz gemachte „Zusagen".

144   Insgesamt stellte die US-Regierung für den Krieg gegen den Terrorismus in diesem Zeitraum 432 Milliarden US-Dollar bereit, 88 Prozent davon wurden für die militärischen Operationen im Irak und in Afghanistan sowie am Horn von Afrika und den Philippinen ausgegeben (vgl. Stålenheim/ Perdomo/ Sköns 2007: 275). Vgl. auch SIPRI 2006 und Tuschhoff 2005, S. 132 f.

145   In einer Studie von Linda Bilmes und Joseph Stiglitz von 2006 wurden die Kosten des Irakkrieges für die USA allerdings viel höher veranschlagt. Würde man außer den laufenden Posten für die Militäroperationen noch die Aufwendungen einrechnen, die erst sukzessive ersichtlich würden, wie beispielsweise Veteranenrenten und – entschädigungen sowie die makroökonomischen Auswirkungen des Krieges, müsse man die Kosten auf bis zu 2.267 Billionen US-Dollar nach oben korrigieren (vgl. Bilmes/Stiglitz 2006: 79). Im Frühjahr 2008 korrigierte Stiglitz die solcherart

Der Kosovo erhielt von der Europäischen Kommission zwischen 1999 und 2007 1,016 Milliarden Euro finanzielle Unterstützung.[146] Während diese Gelder zu Beginn des militärischen Einsatzes vorrangig für den Wiederaufbau der Infrastruktur verwendet wurden, setzte man sie danach vor allem für wirtschaftliche Entwicklung, Justiz- und Verwaltungsreformen ein. Für Afghanistan gab die EU zwischen 2001 und 2006 insgesamt ca. 261 Millionen Euro für humanitäre Hilfe frei. Dadurch wurde hauptsächlich Flüchtlingen und Vertriebenen eine Rückkehr in ihre Heimat ermöglicht. Für den Einsatz von EUPOL in Afghanistan wurden bis März 2008 Kosten von 43,6 Millionen Euro veranschlagt. Zwischen 2003 und 2006 stellte die Europäische Kommission 718 Millionen Euro für den Wiederaufbau des Iraks zur Verfügung. Diese Gelder wurden hauptsächlich für eine „Grundversorgung", für Ausbildung, Wahlen und humanitäre Hilfe verwendet.

Diese Zahlen verdeutlichen die festgestellte Diskrepanz: Aufwendungen für den Wiederaufbau bzw. zivile Projekte machen nur einen Bruchteil dessen aus, was für die vorangegangene oder laufende Kriegführung und für Besatzungskosten aufzubringen ist.

Drittens wurden in zwei von drei Fällen - Afghanistan, Irak - Staatswesen (auch wenn diese nach westlichen menschenrechtlichen und demokratischen Maßstäben nicht positiv zu beurteilen waren) zerstört, und aus diesen Ländern wurden – wesentlich bedingt durch die Interventionen und ihre Folgen – „failed states". Der von der Zeitschrift *Foreign Affairs* jährlich herausgegebene *Failed State Index* listete im Jahr 2007 den Irak auf Platz 2, Afghanistan auf Platz 8 – beide Staaten sind von der ohnehin schon schlechten Einstufung gegenüber dem Vorjahr um zwei Plätze zurückgefallen (vgl. Foreign Affairs 2007).[147]

---

ermittelten Kosten unter Einbeziehung zahlreicher „Not-Zuweisungen", die außerhalb des Haushalts genehmigt werden, weiter nach oben, nämlich auf drei Billiarden Dollar (Info-Dienst Sicherheitspolitik 2008).

146 Diese Zahl bezieht sich auf die Leistungen, die von der im Jahr 2000 eigens für die Balkanstaaten institutionalisierten Europäischen Agentur für Wiederaufbau (EAR) vorgegeben wurden. Die EAR agiert im Auftrag der EU-Kommission. Ihr ursprüngliches Mandat bis Ende 2004 wurde zweimal verlängert. Das aktuelle Mandat gilt bis Ende 2008.

147 Platz 1 belegte der Sudan, 2006 gefolgt von der Demokratischen Republik Kongo und Elfenbeinküste. Zur Bewertung des Zustandes des Staates wurden 12 Kriterien verwendet: demographischer Druck, massive Ströme von Flüchtlingen und Binnen-vertriebenen, Legalität von Racheakten, chronische Flucht, ungleiche wirtschaftliche Entwicklung unter verschiedenen Gruppen, starker Wirtschaftszerfall, Kriminalisierung und Delegitimierung des Staates, zunehmende Verschlechterung der öffentlichen Dienste, massive Menschenrechtsverletzungen, die Rolle des Sicherheitsapparats und von Eliten, Intervention anderer Staaten und externer Akteure (vgl. Fund for Peace 2006).

Schon in der Zeit der Besetzung durch die Sowjetunion wurde Afghanistan aufgrund der Auseinandersetzungen zwischen der Roten Armee und den Mujaheddin systematisch zerstört. Nach dem Abzug der sowjetischen Armee brach ein weiterer Bürgerkrieg aus, in dessen Folge die Staatsgewalt Afghanistans weiter untergraben wurde. Keine Partei konnte die Staatsgewalt über das gesamte Territorium durchsetzen oder auch nur für sich in Anspruch nehmen. Afghanistan wurde also Ende der 1980er Jahre schon einmal zu einem *failed state*. Erst den Taliban gelang es zwischen 1996 und 2001 wieder, die Staatsgewalt über größere Gebiete, vor allem über die Zentren des Landes, durchzusetzen.[148] Ihre Herrschaft war menschenverachtend und entsprach in keiner Weise westlichen demokratischen Standards. Sie genossen aber eine gewisse Legitimität, weil sie für den größten Teil der Bevölkerung ein Maß an Ruhe, Sicherheit und Ordnung durchzusetzen vermochten.

Die US-Intervention in Afghanistan zwang die Taliban schnell zur Aufgabe des von ihnen kontrollierten Territoriums. Die neue Regierung unter Hamid Karzai konnte auch mit Unterstützung der westlichen Streitkräfte die Staatsgewalt nicht wiederherstellen. Zwar wurden mit dem auf der Petersberger Konferenz im November 2001 initiierten „Bonner Prozess" einige Erfolge beim Aufbau des Landes erreicht. Zielvorgaben wie die Wahl eines Präsidenten, von Provinzräten und der Loya Jirga, dem Parlament, wurden in den Jahren 2002, 2003/2004 bzw. 2005 umgesetzt. Andere Aufgaben wie die Verabschiedung einer neuen Verfassung, die Errichtung von Reformkommissionen für Justiz, öffentliche Dienste, Menschenrechte etc. wurden in Angriff genommen, Fortschritte im Bildungs- und Gesundheitssektor sowie eine relativ freie Medienlandschaft wurden ebenfalls erzielt. Von einem stabilen politischen System kann dennoch keine Rede sein: Die Regierung von Hamid Karzai genießt außerhalb Kabuls kaum Autorität und ist daher nicht in der Lage, das staatliche Gewaltmonopol auf das gesamte Territorium auszudehnen: Mindestens ein Drittel des Landes – der Süden, Osten und Südosten – gilt als Machtvakuum.[149] So ist Kabul vor

---

148 Die Taliban kontrollierten fast 95 Prozent Afghanistans, besaßen allerdings nur im paschtunischen Gürtel die vollständige Kontrolle über die Provinzen; in den westlichen, zentralen und nördlichen Regionen kontrollierten sie in den von ihnen eroberten Gebieten zwar die meisten Städte und Dörfer, die ländlichen, abgelegenen Gegenden konnten sie indes nie ganz beherrschen (vgl. Stahel 2007: 7; Steele 2002; Wilke 2004: 7).

149 Dieses Machtvakuum rührt jedoch nicht nur aus dem Mangel an Autorität der Karzai-Regierung sowie der Stärke nicht-staatlicher (Gewalt-)Akteure, sondern beruht auch auf einem historischen Defizit: Bisher konnte keine Regierung Macht bis hinunter auf die Kommunalebene ausüben. Kabul war stets auf lokale bzw. regionale Machthaber in Form von religiösen oder tribalen Führungspersonen angewiesen, die als Mittler zwischen der Zentralmacht und der lokalen Macht fungierten. Das tribale Gesellschaftswesen konnte auch nach 2001 kaum modernisiert werden – mit

allem damit beschäftigt, den Einfluss lokaler Machthaber und Warlords, die die Provinzen kontrollieren, zu reduzieren, denn gerade in diesen Gebieten, in denen die Regierung nicht über das Gewaltmonopol verfügt, sind Machtkämpfe zwischen lokalen und regionalen Machthabern, Mitgliedern der Karzai-Regierung (z.B. Gouverneuren) und lokalen Machthabern wie religiösen oder Stammesführern, Kommandanten und Drogenbaronen virulent (vgl. Maaß 2007).

In diesem Zusammenhang rächt sich auch, dass die Entwaffnung der Milizen bzw. der Truppenverbände der Kriegsparteien – Zielvorgabe des Bonner Abkommens – nur wenig erfolgreich war.[150] Dieses Versäumnis zeitigt mit Blick auf die Sicherheitslage gravierende Folgen. Darüber hinaus leidet die Sicherheit in Afghanistan unter der Verschärfung der Drogenproblematik: Die Taliban hatten nicht nur ein gewisses Maß an Sicherheit in weiten Teilen des Landes garantiert, sondern auch den Mohnanbau erheblich verringert. Seit sie 2001 durch die Intervention vertrieben wurden, ist die Mohnproduktion wieder enorm gestiegen. Nur fünf Jahre nach der Intervention deckte Afghanistan etwa 93 Prozent der weltweiten Opiumproduktion. Afghanistan gilt heute als „narco state" – mit entsprechenden Folgen für den Wiederaufbau und die Befriedung des Landes, als deren größte Gefahr die Drogenökonomie auf der Geberkonferenz in Berlin im Frühjahr 2004 bezeichnet wurde (vgl. Halbach 2004: 7).

Noch erheblich dramatischer als in Afghanistan gestaltet sich die Situation im Irak, die schon bald nach dem Regimewechsel zunehmend in Richtung Anarchie und Bürgerkrieg tendierte. Auch hier konnten weder die im Januar 2005 gewählte Interimsregierung unter Ministerpräsident Ibrahim al Dschafari und Präsident Jalal Talabani noch die 2006 eingesetzte Regierung al-Maliki Kontrolle über das Land ausüben. Die Staatsmacht war hinsichtlich der Gewährleistung von sozialer, politischer und wirtschaftlicher Ordnung praktisch irrelevant. Die Regierung ist nur einer von vielen Akteuren, die im Irak um Einfluss ringen.[151]

Viertens schließlich hat sich in allen drei Fällen die Autorität und das Prestige der Interventionsstreitkräfte aufgrund der überall feststellbaren Defizite und Kalamitäten, für die zu einem großen Teil die Intervenen verantwortlich ge-

---

entsprechenden Folgen für den beabsichtigten westlich-demokratisch geprägten Aufbau des Staates.

150 Die UNO geht von etwa 120.000 Angehörigen so genannter illegaler bewaffneter Gruppen aus.

151 „Iraq has fractured into regions dominated by sectarian, ethnic or tribal political groupings that have gained further strength from their control of informal local economies" (Stansfield 2007: 2). Hierbei geht es v.a. um die Zentren Mosul und Kirkuk im Norden auf Grund ihrer großen Erdölvorkommen sowie um den Süden um die Ölfelder und Hafenanlagen bei Umm Qasr und Basra.

macht werden, nicht verbessert, sondern verschlechtert. Das ist sogar der Fall
bei der albanischen Mehrheit im Kosovo, die die Intervention einst begrüßt
hatte. Die Enttäuschung wuchs in dem Maße, wie der Wunsch nach voll-
ständiger staatlicher Unabhängigkeit nicht erfüllt wurde und der wirtschaftliche
Aufschwung auf sich warten ließ.[152] UNMIK, die Übergangsverwaltung der
UNO, war schon bald nach ihrer Etablierung 1999 Zielscheibe von Angriffen.
Die Pogrome gegen Serben im März 2004 wurden aber auch als offener Affront
gegen KFOR, die hauptsächlich aus Streitkräften der NATO besteht und von ihr
geführt wird, gewertet.

In Afghanistan wird die Enttäuschung über die Regierung gerade bezüglich der
unbefriedigenden Sicherheitslage auf die internationale Gemeinschaft projiziert,
als deren „Marionette" Karzai von größeren Teilen der Bevölkerung betrachtet
wird. Die Gründe für die Vergrößerung des Widerspruchs zwischen den
Interventen und größeren Teilen einheimischer Bevölkerungsgruppen und Eliten
liegt nicht nur im Unvermögen der afghanischen Regierung und der
„Internationalen", für Ruhe und Ordnung zu sorgen, sondern auch im
konzeptionellen Ansatz der mit der Intervention beabsichtigten Veränderungen.
Dieser Ansatz berücksichtigt nicht hinreichend die (mit Blick auf die
auswärtigen Zielsetzungen) defizitären Strukturen des afghanischen Staatswesens und die ideologischen und machtpolitischen Rivalitäten im Land.

Zeitgleich wird dieser Ansatz vom Terrorismus und vom Kampf gegen die
Taliban, der – vorrangig von den USA - in immer weiteren Teilen des Südens
und Ostens geführt wird, unterlaufen. Diese Konstellation macht die
Afghanistan-Mission politisch und konzeptionell besonders schwierig: Sie soll
„einen peace-building-Prozess in einem Land einleiten, das noch gar nicht in die
post-conflict-Phase eingetreten ist, in dem kein Friedensvertrag den Übergang
zum ‚Nachkriegs'-Aufbau regelt und in dem der Krieg – wenn auch ein
andersgearteter – weitergeht" (Maaß 2007: 12). Auch die widersprüchlichen
Mandate und Vorgehensweisen von ISAF und Anti-Terror-Einheiten sowie
deren - aus der Sicht konkurrierender Machthaber - mangelnde Neutralität haben
zu einer um sich greifenden Distanz und teilweisen Ablehnung externer Truppen
und Organisationen beigetragen. Dies gilt insbesondere im Süden, wo internationale Truppen zunehmend als Besatzer wahrgenommen werden. Im Norden
dagegen gelang es den internationalen Kräften offenbar besser, eine
Vertrauensbasis in der Bevölkerung zu erhalten (vgl. Maaß 2007: 27).
Allerdings verschlechterte sich auch dort die Sicherheitslage insbesondere ab
2006.

---

152 Daran änderte auch die im Frühjahr 2008 erfolgte Unabhängigkeitserklärung des
    Kosovo wenig. Von Souveränität und staatlicher Unabhängigkeit kann nur
    eingeschränkt die Rede sein. Außerdem hat eine Vielzahl von Staaten die
    Unabhängigkeit des Kosovo nicht anerkannt.

Dass sich die Legitimität der ausländischen Streitkräfte im Irak noch erheblich problematischer darstellt, soll hier nicht weiter ausgeführt werden. Die Delegitimierung der Interventen und der Interventionstruppen hängt auch damit zusammen, dass sich in allen drei Fällen die ausländischen Interventen von interessierten einheimischen Kräften, die selbst zu schwach waren, eine Veränderung der politischen Machtverhältnisse herbeizuführen, für ihre Ziele instrumentalisieren ließen. Nur im Kosovo war das Ergebnis unter Legitimitätsgesichtspunkten abweichend, weil die Interventen das von der UÇK verfolgte Ziel – die Herstellung eines albanischen, von Serbien abgetrennten Staatswesens – zwar anfangs nicht teilten, aber *de facto* umsetzten und nach der mit Hilfe der Intervention durchgesetzten Sezession gegen Belgrad absicherten. In allen drei Fällen waren es diese zur Staatsmacht in Opposition stehenden, militanten, aber zumal in Afghanistan und Irak marginalen (und deshalb vor allem Exil-) Kräfte, die auf eine Intervention drängten bzw. Interventionsabsichten lautstark unterstützten.

In keinem der drei Fälle waren die „alternativen Eliten" in der Lage, nach der Intervention ein sich selbst tragendes politisches System aufzubauen, das den Kriterien, die der Intervention zugrunde gelegt worden waren, entsprochen hätte. Nicht die UÇK, die bis Mitte 1998 von Washington noch als „terroristische Organisation" eingestuft, dann aber politisch, finanziell und logistisch gegen die Belgrader Autorität unterstützt worden war, baute die neuen politischen und administrativen Strukturen auf, sondern UNMIK und KFOR. In Afghanistan konnte nur infolge der Intervention die „Nordallianz", die zuvor ein kleines Gebiet in Nordostafghanistan beherrscht hatte, Kabul einnehmen und sich – zusammen mit Afghanen im westlichen Ausland, auf die westliche Regierungen mit Blick auf eine beabsichtigte „Demokratisierung" besondere Hoffnungen setzten - zur Herrschaft aufschwingen. Und im Irak waren es vor allem die militante kurdische Opposition im Norden und schiitische radikal-klerikale Kreise sowie im Exil lebende Regimegegner, die von der Intervention der USA zu profitieren hofften. Keine dieser Kräfte war in der Lage, auch nur ein Mindestmaß an Sicherheit im Gesamtstaat zu gewährleisten.

Hinsichtlich der Legitimität externer Kräfte ist ein weiterer Sachverhalt von Bedeutung (der im Kosovo infolge der Abspaltung allerdings ebenfalls andere politische und mentale Konsequenzen zeitigt als in Afghanistan und Irak). In allen drei Fällen spielten Übertreibungen, Fälschungen und Lügen in der Begründung der jeweiligen Intervention eine erhebliche Rolle. Wie im zweiten Kapitel ausführlicher geschildert, wurde vor dem Krieg gegen Jugoslawien 1999 die serbische Führung u.a. beschuldigt, die im Kosovo lebende albanische Mehrheitsbevölkerung „auslöschen" zu wollen. Die „Beweise", die für diese Absicht angeführt wurden – u.a. der so genannte „Hufeisenplan" –, stellten sich als falsch heraus (vgl. Loborec 2002; Loquai 2000). Ungeheuerlich hohe Zahlen

von „möglicherweise bereits getöteten Albanern" wurden lanciert. Mit dem als
Begründung für die Entscheidung der deutschen Regierung zur Kriegsteilnahme
vorgebrachten Motto „Nie wieder Auschwitz!" verglich der deutsche Außenminister Joseph Fischer die Situation im Kosovo gar mit dem Holocaust.[153]
Solcherart wurde versucht, skeptische Teile der Öffentlichkeit von der „Notwendigkeit" des Krieges zu überzeugen.

Im Falle Afghanistans war es nach dem von George W. Bush als „Krieg gegen
die zivilisierte Welt" eingeordneten Anschlägen vom 11. September 2001 und
dem damit verbundenen Entsetzen in der westlichen Welt ebenfalls vergleichsweise einfach, öffentliche Unterstützung für eine Intervention zu erhalten. In
diesem Fall lautete die Begründung, das Taliban-Regime in Afghanistan, das
unterdessen als „Schurkenstaat" qualifiziert wurde, gewähre den Hintermännern
der Anschläge – an ihrer Spitze Osama bin Laden – Unterschlupf. Erstens gehe
es darum, die Täter des 11. September 2001 zu finden, und zweitens darum, sich
vor weiteren Anschlägen zu schützen. Gespräche mit Kabul über eine
Auslieferung bin Ladens wurden von den USA abgebrochen. Die afghanische
Regierung hatte von den USA als Bedingung für die Übergabe stichhaltige
Beweise für dessen Verwicklung in die von den Taliban verurteilten
Terroranschläge in den USA gefordert. Doch selbst wenn die USA Beweise
geliefert und die Taliban bin Laden hätten überstellen wollen: Wie sollten die
mit völlig veraltetem Gerät ausgerüsteten Taliban-Milizen bin Ladens habhaft
werden, wenn es CIA-Spezialtrupps und dem US-Militär mit modernsten
Aufklärungsmitteln und mehrfachen Bombardierungen vermuteter Verstecke
des Terroristenchefs in der zweiten Hälfte der 1990er Jahre nicht gelungen war,
ihn „auszuschalten"?

In Wirklichkeit ging es um einen Regimewechsel, wie später eingestanden
wurde. Osama bin Laden und die Taliban hatten seit Sommer 1998, als
Anschläge auf US-Botschaften in Kenia und Tansania verübt worden waren, auf
der schwarzen Liste Washingtons gestanden. Die Anschläge am 11. September
2001 schufen letztlich die Voraussetzungen für eine Militärintervention mit dem
Ziel, ein neues politisches System zu etablieren.

Auch die Legitimation des Irakkrieges gründete auf Übertreibungen, Unwahr-
heiten und Lügen, die zum Teil schon vor dem Krieg als solche entlarvt wurden.
Das Argument, der Irak besitze und verstecke Massenvernichtungswaffen, die er
aufgrund seiner engen Verbindung zum Terrornetzwerk al-Quaida an dieses
weitergeben könnte, war das schlagendste. Außerdem führte Washington als
Interventionsbegründung an, die Militäraktion sei als Kampf gegen den

---

153 Wobei Fischer selbst, seinen Biographen Matthias Geis und Bernd Ulrich zufolge, stets
     bestritten hat, die Verbrechen der Nationalsozialisten und den „Mord der Serben an den
     Kosovo-Albanern" gleichgesetzt zu haben (vgl. Fried 2005).

Terrorismus zu verstehen. Man wolle mit Saddam Hussein einen Verbündeten Osama bin Ladens beseitigen und eine Finanzierungsquelle des internationalen Terrorismus trockenlegen. Die Darstellung der Irak-Intervention als einen Akt humanitärer Notwendigkeit war von Anfang an Bestandteil der Begründung – obwohl zu diesem Zeitpunkt keine Intensivierung der Menschenrechtsverletzungen zu beobachten war, die eine Legitimierung dieser Intervention zu diesem Zeitpunkt als humanitäre Notwendigkeit rechtfertigen konnte (vgl. Roth 2004) –, wurde aber im Nachhinein, als andere Argumente an Überzeugungskraft eingebüßt hatten, immer stärker akzentuiert.

Die Instrumentalisierung externer Kräfte durch einheimische politische Gegen- bzw. Exileliten in den Interventionsländern hat allerdings gerade auch unter dem Aspekt von Rechtfertigungsmustern, die von den Interventen benutzt wurden, eine reziproke Seite. Die Interventen und vor allem Washington beabsichtigten offenkundig den Krieg als Mittel des Regimewechsels, und einheimische Oppositionelle, die von einer Intervention zu profitieren hofften, produzierten bereitwillig die (z.T. falschen) Argumente und Manipulationen, die für notwendig erachtet wurden, um in der westlichen Öffentlichkeit Unterstützung für diese Kriege zu erlangen. Die UÇK produzierte „Evidenzen" serbischer Massaker, die nicht stimmten, die afghanische Nordallianz „humanitäre Gräuel" der Taliban und Unterstützungsleistungen für Osama bin Laden, die erfunden waren, und irakische Oppositionelle konstruierten eine realiter nicht existente Kooperation zwischen Saddam Hussein und al-Qaida.[154] Dies spielte gerade insofern eine Rolle, als in allen drei Fällen diplomatische Möglichkeiten, einen Krieg bzw. die Intervention abzuwenden, bewusst negiert wurden. Die Bedingungen, die bei den Rambouillet-Verhandlungen über den Kosovo von den USA gestellt wurden, zielten ebenso auf ein Scheitern der Diplomatie wie der Abbruch der Verhandlungen mit Kabul über eine Auslieferung Osama bin Ladens. Das gleiche galt für die Aufforderung an Bagdad, nicht nur die Rückkehr der UN-Inspektoren in den Irak zuzugestehen – was passierte -, sondern selbst die (vermuteten, aber nicht vorhandenen) Massenvernichtungswaffen herauszugeben, die die Inspektoren vergeblich suchten.

Bilanzierend kann darüber hinaus die These formuliert werden, dass keine der drei untersuchten Interventionen stattgefunden hätte – jedenfalls nicht in der gewählten militärischen Form und mit den formulierten Zielvorgaben -, wenn den maßgeblichen Entscheidungsträgern die Konsequenzen zum Zeitpunkt der Interventionsentscheidung bewusst gewesen wären. Hätte die NATO gewusst, dass mindestens 10.000 Kosovoalbaner und mindestens 3.000 Serben im Gefolge der militärischen Maßnahmen des Bündnisses getötet sowie annähernd

---

154 Dies ging bis zur Behauptung irakischer Exil-Oppositioneller, Saddam Hussein habe Osama bin Laden nach den Anschlägen vom 11. September 2001 im Irak Asyl gewährt (vgl. Pradetto 2004: 46).

1 Million Menschen während des Krieges und eine weitere Viertelmillion nicht-albanischer Bevölkerung nach dem Krieg vertrieben werden würde, wäre der Entscheidungsprozess mit hoher Wahrscheinlichkeit anders verlaufen. Analoges gilt für die beiden anderen Fälle. Wäre man sich der humanitären, politischen, finanziellen und militärischen Implikationen bewusst gewesen, wären vielleicht auch begrenzte militärische Aktionen, aber keine Entscheidungen über so weitgehende Regimewechsel-Interventionen getroffen worden.

Die der vorgestellten Untersuchung zugrunde gelegte Hypothese war, dass in den Fällen Kosovo, Afghanistan und Irak die (partiell humanitär begründeten) Interventionen nicht weniger negative Auswirkungen hatten als andere, ohne humanitären Anspruch geführte Kriege auch. Die empirischen Daten und Fakten belegen diese Hypothese in allen drei Fällen. Vor dem Hintergrund der Erfahrungen mit dem Irakkrieg 1991, der Somalia-Intervention 1992 und den Eingriffen in Ex-Jugoslawien bis zum Dayton-Abkommen Ende 1995 sagte Jochen Hippler schon 1996 das Ende des Konzepts „humanitärer Interventionen" voraus. Er skizzierte „ernüchternde Erfahrungen in den 90er Jahren", die den Verlust der Glaubwürdigkeit dieses Konzepts nach sich gezogen hätten. Anderseits wären in zahlreichen weiteren Fällen „humanitäre Interventionen gemessen am proklamierten Maßstab zwar notwendig gewesen, wurden jedoch schon nicht mehr ernsthaft ins Auge gefasst" (Hippler 1996: 84). Vor diesem Hintergrund warf Hippler dem Konzept bzw. seiner Anwendung durch westliche Politiker eine Inkonsistenz vor, die offenbare, dass es bei „humanitären Interventionen" selten um humanitäre Erwägungen gehe, sondern vielmehr um Interessen wie Ressourcensicherung etc.

Es kam jedoch anders. Das Konzept der „humanitären Intervention" wurde im Verlauf der 1990er Jahre sogar noch erheblich erweitert. Für viele Politiker und *Think Tanks* bestanden die Lehren der ersten Hälfte der betreffenden Dekade weniger darin, die Beschränkung der Möglichkeiten zu erkennen, die externe Eingriffe auszeichnen. Vielmehr wurde die Konsequenz gezogen – und zwar von einem politischen Spektrum, das von den Neo-Konservativen in den USA bis zu Linken in Europa reichte, die von ehemaligen Pazifisten zu „humanitären Bellizisten" konvertiert waren –, dass der „humanitäre Eingriff" zu einer umfassenden „Systemtransformation" weitergeführt werden müsse, solle er „nachhaltig" sein. Die Interventionen in Kosovo, Afghanistan und Irak bzw. die mit diesen Interventionen verbundenen Zielsetzungen waren die praktischen Folgen keineswegs nur, aber auch dieser Lehren aus Irak, Somalia und den Jugoslawien-Kriegen in der ersten Hälfte der 1990er Jahre.

Erst seit 2005, aufgrund der Erfahrungen in Afghanistan und des Desasters im Irak, zeichnen sich ein Umdenken und bescheidenere politische Ziele ab. Trotzdem dürfte sich das Konzept der „humanitären Intervention" als Legi-timationsinstrument, um militärische Eingriffe zu begründen, nicht verbraucht haben. Dies umso mehr, als das zweite vorrangige Legitimationsmuster, nämlich die Behauptung einer existenziellen sicherheitspolitischen Bedrohung, die durch einen Regimewechsel beseitigt werden könne, erheblich an Überzeugungskraft eingebüßt hat. Insgesamt dürften beide Legitimationsformen – wie die Formel von der „internationalen Verantwortung" mit Blick auf eine proklamierte Notwendigkeit, demokratische Entwicklungen zu unterstützen –, auch künftig als Begründungen für militärische Maßnahmen vorrangig sein, die nicht konsensual vom Sicherheitsrat der Vereinten Nationen getragen werden. Dies liegt daran, dass derartige Interventionsgründe zuweilen auch real vorhanden sind und humanitärer – auch militärischer – Maßnahmen bedürfen. Ein Beispiel dafür war der Genozid in Ruanda in den 1990er Jahren, der allerdings aus mangelndem Interesse potenzieller Interventen ohne Eingriff vor sich gehen konnte. Die Ambivalenz des Konzepts macht seine Attraktivität für die Rechtfertigung von Interventionen durch demokratische Staatsführungen aus, die die völkerrechtlichen Prinzipien der Nichtaggression und der Achtung der Souveränität anderer Staaten als ein Fundament ihres Außenverhaltens postulieren. Mit Kosovo, Afghanistan und Irak dürfte indes die ebenso optimistische wie revolutionäre Transformationsrhetorik hinter „realistischere" Bezugspunkte und Zielvorgaben zurücktreten.

Schließlich: Die Kritik an den Interventionen und ihren humanitären Folgen im Kosovo, in Afghanistan und im Irak bedeutet keine Kritik an militärischen Maßnahmen generell. Die Verstärkung des internationalen, auch militärischen, Engagements hat sich in den vergangenen zwei Jahrzehnten keineswegs nur als ein Faktor der Eskalation, sondern auch als ein Faktor der Eindämmung von Gewalt erwiesen. Dies gilt unabhängig von der Kontroverse, ob es weniger oder mehr Gewalt in den internationalen Beziehungen, mehr oder weniger kriegerische Auseinandersetzungen seit Anfang der 1990er Jahre gibt.[155] Die internationale Gemeinschaft scheint ihre Fähigkeiten verbessert zu haben, offene Kampfhandlungen zu unterbinden, auch wenn sie in diversen Fällen nicht willens oder in der Lage war, diese Fähigkeiten einzusetzen (vgl. BICC Jahresbericht 2005/2006). Der Ausbruch offener Kriegshandlungen kann also in einer Reihe von Fällen durch ein größeres internationales Engagement verhindert werden. Dies gilt offenbar trotz der Tatsache, dass einige Kriege und Konflikte wie in Tschetschenien oder der israelisch-palästinensische Konflikt nach wie vor für internationales Krisenmanagement Tabu sind oder wie in Bezug auf Nepal oder den Grenzkonflikt zwischen Eritrea und Äthiopien wenig internationales Interesse besteht. Daran ändert auch der Sachverhalt nichts, dass

---

155 Siehe dazu die Debatte in *Die Friedens-Warte* (2006) über den *Human Security Report 2005* des *Human Security Center* der *University of British Columbia* (Human Security Report 2005; Brzoska 2006; Fröhlich/Bütof/Lemanski 2006; Gießmann 2006; Jütersonke/Schwarz 2006; Mayer 2006).

die internationale Gemeinschaft weniger erfolgreich dabei war, den Tod ziviler Opfer abseits von Kriegszonen zu verhindern und die Konsolidierung des Friedens nach einem Konflikt oft nur begrenzt geglückt ist (vgl. BICC Jahresbericht 2005/2006).

Unter anderem sind es die enormen personellen und finanziellen Ressourcen, die für die drei in der vorstehenden Untersuchung beleuchteten Fälle militärischer Interventionen mit dem Ziel des Regimewechsels aufgewendet wurden und werden, die zentrale Defizite eines erfolgreichen internationalen Krisenmanagements verschärfen, nämlich nicht über zureichende militärische Kapazitäten und finanzielle Mittel dort zu verfügen, wo ein militärisch-ziviles Engagement erheblich bessere Erfolgsaussichten birgt: in Fällen größerer interner Bereitschaft für externes Engagement, breiterer internationaler Unterstützung und höherer völkerrechtlicher Legitimität. Auch in vielen solchen Szenarien sind die Probleme der Nachkriegs- und Nachkonfliktkonsolidierung nicht gelöst, die vor allem in der Diskrepanz zwischen den Erwartungen internationalen Engagements und den lokalen Voraussetzungen, im Fehlen geeigneter lokaler Akteure für die Umsetzung externer Strategien und der damit verbundenen Tendenz zur Protektoratisierung durch externe Kräfte, in der sektoralen Unausgewogenheit von *institution-building*, Priorisierung sicherheitsrelevanter Bereiche und wirtschaftlichen Aufbauzielen bestehen. All diese Probleme kumulieren und eskalieren aber in Fällen völkerrechtlich fragwürdiger, hinsichtlich internationaler Unterstützung gespaltener und insbesondere von größeren Teilen der Bevölkerung eines betroffenen Landes als illegitim erachteter Intervention bzw. post-interventionistischer externer Dominanz. Die Ergebnisse der drei untersuchten Interventionen bestätigen in diesem Sinne die skeptische Beurteilung der Umsetzbarkeit politisch und sozial intendierter Veränderungen mit militärisch-politischen Mitteln, zumal von außen. Die Geschichte hält viele Beispiele parat, in denen sich Gesellschaften und politische Strukturen gegenüber geplanten Transformationen als sehr resistent erwiesen haben. Sie änderten sich zwar aufgrund externer Eingriffe, aber anders als geplant, und sie zeitigten nicht intendierte Konsequenzen.

Darüber hinaus engen die genannten Kalamitäten die Spielräume erfolgreichen Krisenmanagements nicht nur durch das Fehlen militärischer und finanzieller Ressourcen ein. Eine wesentliche Rolle spielt auch die solcherart intensivierte Delegitimierung internationalen Krisenmanagements insgesamt, das zunehmend als auf westliche Dominanz abzielend perzipiert wird. Dazu kommt die Begünstigung, Förderung und Vorschubleistung von Kräften in den betroffnen Ländern wie im internationalen Raum, die sich radikalisieren und z.T. mit terroristischen Methoden versuchen, die Schaffung friedlicher und menschenrechtlich akzeptabler Verhältnisse gerade in Konfliktländern und -regionen zu torpedieren. Diese Kräfte haben sich in den vergangenen Jahren proportional zum auf Regimewechsel zielenden militärischen Interventionismus entwickelt und sind zum Hauptfaktor antihumanitärer, antidemokratischer und antiwestlicher Aktivitäten geworden.

Die Zielsetzung der vorliegenden Studie war es, einige vor allem humanitäre Konsequenzen der Regimewechsel-Interventionen im Kosovo, in Afghanistan und im Irak zu beleuchten. Daraus ergaben sich diverse Schlussfolgerungen. Über den Horizont dieser Studie hinaus weist die Frage, was sich hieraus aktuell für das externe Engagement in den betreffenden Ländern ergibt. Das gleiche gilt für die Frage nach spezifischeren Bedingungen und Kriterien eines erfolgreichen militärischen bzw. zivil-militärischen Eingreifens sowie nach einer Darstellung und Bewertung von Alternativen zu militärischen Interventionen. Als erfolgreich würden im Sinne einer folgenorientierten Ethik Ergebnisse politischen und militärischen Handelns bewertet, die mit Bezug auf die Frage, ob durch die militärische Intervention mehr Unheil (Tod, Leid, Zerstörungen, Folgeschäden) vermieden wird als durch andere Optionen (diplomatischer, wirtschaftlicher, politischer Druck, Sanktionen, Duldung der Zustände usw.), eine empirisch nachvollziehbare positive Bilanz ausweisen. Diesbezüglich kann abschließend nur Folgendes angemerkt werden:

Erstens müssen sich jegliche Sanktionspolitiken im internationalen Raum, insbesondere aber militärische Maßnahmen (zumal solche, die nicht dem klassischen Selbstverteidigungsbegriff entsprechen) an der genannten folgenorientierten Ethik messen lassen. Die dieser Ethik zugeordneten Leid-Variablen sind nicht in allen Fällen, aber vielfach durchaus systematisierbar und quantifizierbar: Beeinträchtigung der körperlichen Unversehrtheit (Tod, Verletzung, Vergewaltigung usw.); Zerstörungen und Sachschäden (Häuser, Infrastruktur usw.); Wirtschaftsschäden (Arbeitslosigkeit, negatives Wirtschaftswachstum usw.); psychologische Schäden (Traumata, Hass zwischen Ethnien usw.); politische Nachteile (Isolierung u.a.); Beeinträchtigung von Zukunftschancen (Bildung, soziale Aufstiegschancen, im Falle Afghanistans Folgen der Drogenökonomisierung des Landes usw.).

Zweitens liegen inzwischen vielfältige Erfahrungen mit VN-Friedensmissionen, vom Sicherheitsrat der Vereinten Nationen beschlossenen und durchgeführten Maßnahmen zur Friedenserzwingung, militärischen Interventionen und Versuchen eines Nation- und State-building vor. Aufgrund dieser Erfahrungen kann bereits viel genauer als noch vor zwei Jahrzehnten bestimmt werden, unter welchen Voraussetzungen der Einsatz militärischer Kräfte dem Ziel der Gewaltminderung und dem Schutz der Menschenrechte sinnvoll und Erfolg versprechend ist.

Drittens scheint eine vorurteilsfreie Analyse jedoch aufgrund von Legitimationszwängen schwer möglich zu sein: Politiker (wie auch Wissenschaftler) unterliegen einem Bedürfnis, vergangene Einschätzungen und Entscheidungen zu rechtfertigen, gerade wenn sie zu negativen Konsequenzen geführt haben oder nach wie vor führen. Diese Tendenz korrespondiert mit einem, der kognitiven Psychologie sehr gut bekannten, Sachverhalt: Entscheidungsträger tendieren gerade bei Entwicklungen und empirischen Ergebnissen, die den ihren Entscheidungen zugrunde gelegten Auffassungen widersprechen, eher zu einer Verfestigung und Verstärkung einmal gefasster Meinungen, solange der Druck von außen, diese Auffassungen und diese Politik zu ändern, nicht zu groß wird. Dies führt zur Beschönigung unvorhergesehener negativer Konsequenzen früherer Entscheidungen, um die Zustimmung zu gefassten Beschlüssen nicht zu verlieren und Legitimitätsverluste einzudämmen. In der Regel will sich niemand Fehlentscheidungen nachsagen lassen. Deshalb wird auf der Basis von Prämissen, die sich inzwischen als empirisch falsch herausgestellt haben, eine Politik fortgeführt, die zu einer Eskalation der Probleme führen kann.

Psychologisch ist Beschönigung und Realitätsverleugnung aber nur eine mögliche Reaktion bei kognitiver Dissonanz. Man kann auch seine Überzeugungen oder Handlungen ändern. Auch können die "Kosten" für die politischen Entscheidungsträger erhöht werden, falls sie die bisherige Politik fortführen. Solcherart würde ihre Kosten-Nutzen-Kalkulation verändert. Das unterstellt freilich eine prinzipiell rationale Vorgehensweise. Die erste Voraussetzung, um eine solche Entwicklung zu befördern, besteht in einer intensiven offenen und öffentlichen Debatte. Die Notwendigkeit ist evident: Schließlich geht es – neben anderen Implikationen - um Leben, Tod und Leid der Menschen in den Interventionsländern als auch der dort eingesetzten Streitkräfte.

Quellen und Literatur

Al-Yasiri, Hussein (2007): Heading Home for Uncertainty, in: Institute for War and Peace Reporting. Iraqi Governance Report, April, S.5; http://www.iwpr.net/archive/igr/igr_001.pdf (Abruf am 23.10.2007).

American Bar Association-Central Eastern Europe Initiative (ABA-CEELI)/ American Association for the Advancement of Science (AAAS) (1999): Political Killings in Kosova/Kosovo, Washington DC; http://shr.aaas.org/kosovo/pk/toc.html (Abruf am 04.10.2007).

Amnesty International (AI; 1999): Former Yugoslav Republic of Macedonia. Humanitarian Evacuation and the international response to refugees from Kosovo; http://web.amnesty.org/library/pdf/EUR650051999ENGLISH/$File/EUR65005 99.pdf (Abruf am 04.10.2007).

Amnesty International (AI; 2006): Kosovo (Serbia). The UN in Kosovo. A Legacy of Impunity, 08.11.2006; http://web.amnesty.org/library/Index/ENGEUR700152006?open&of=ENG-YUG (Abruf am 04.10.2007).

Amnesty International (AI; 2007): Iraq: New Humanitarian Crisis Looms as More than Three Million Iraqis displaced by war; Pressemitteilung vom 16.04.2007; http://web.amnesty.org/library/Index/ENGMDE140222007 (Abruf am 22.10.2007).

Amnesty International (AI; 2008): Carnage and Despair, Iraq Five Years on; http://www.amnesty.org/en/library/asset/MDE14/001/2008/en/3f78611b-f1e9-11dc-adcd-cdafd0ab0dfe/mde140012008eng.pdf (Abruf am 10.06.2008).

ANSO/CARE (2005): NGO Insecurity in Afghanistan; http://www.care.org/newsroom/specialreports/afghanistan/20050505_ansocare.p df (Abruf am 15.10.2007).

Asmus, Ronald D./. Pollack, Kenneth M. (2002): Die Transformation des Mittleren Ostens. Das neue transatlantische Projekt, in: Blätter für deutsche und internationale Politik, Nr. 12, S. 1457-1466.

Auswärtiges Amt (2007): Länderinformationen Irak. Wirtschaftspolitik; http://www.auswaertiges-amt.de/diplo/de/Laenderinformationen/Irak/Wirtschaft.html (Abruf am 23.10.2007).

Balanzino, Sergei (1999): NATO's humanitarian support to the victims of the Kosovo Crisis, in: NATO Review, Nr. 2, S. 9-13.

Baraki, Matin (2004): Im NATO-Protektorat. Bilanz und Ausblick nach der Berliner Afghanistan-Konferenz, in: Friedenspolitischer Ratschlag, 05.04.2004;

http://www.uni-kassel.de/fb5/frieden/regionen/Afghanistan/baraki5.html (Abruf am 15.10.2007).

Baraki, Matin (2007): Nation-Building in Afghanistan, in: Aus Politik und Zeitgeschichte, Heft 39, S.11-17.

Barutciski, Michael (1999): Western diplomacy and the Kosovo refugee crisis, in: Forced Migration Review, Nr. 5, S. 8-10.

BBC am 15.10.1999: Kosovo War cost £ 30 bn; http://news.bbc.co.uk/2/hi/europe/476134.stm (Abruf am 15.10.2007).

BBC am 07.06.2000: 3,000 missing in Kosovo; http://news.bbc.co.uk/1/hi/world/europe/781310.stm (Abruf am 04.10.2007).

BBC am 09.01.2007: UN makes $60m Iraq Refugee Appeal; http://news.bbc.co.uk/2/hi/middle_east/6243335.stm (Abruf am 22.10.2007).

BBC am 22.01.2007: Warnings of Iraq refugee crisis; http://news.bbc.co.uk/2/hi/middle_east/6286129.stm (Abruf am 22.10.2007).

Becker, Elizabeth (1999): Aid Groups Partnership with NATO raises Concern over Tradition of Neutrality, in: New York Times News Service, 09.04.1999.

Beitz, Steffen (1999): Wir mussten auf Unterstützung der NATO zurückgreifen. Interview mit Jean-Noël, in: Amnesty International Journal, August; http://www2.amnesty.de/internet/deall.nsf/51a43250d61caccfc1256aa1003d7d3 8/296143b0c678e252c1256aa00042d1c8?OpenDocument (Abruf am 14.11.2007).

Bello, Walden (2006): Humanitäre Interventionen. Die Entwicklung einer gefährlichen Doktrin. Rede auf der IPPNW-Konferenz zu „Globalisierung, Krieg und militärische Intervention" im Januar 2006, Frankfurt/Main; http://www.uni-kassel.de/fb5/frieden/themen/Interventionen/ippnw-bello.html (Abruf am 15.10.2007).

Berger, Lars (2007): Die USA und der islamistische Terrorismus. Herausforderungen im Nahen und Mittleren Osten, Paderborn.

Berger, Silvia/Kläy, Dieter/ Stahel, Albert A. (2002): Afghanistan. Ein Land am Scheideweg. Im Spiegel der aktuellen Ereignisse, Zürich (Strategie und Konfliktforschung).

Berschens, Ruth (1999): Mit 35 Milliarden Mark Kosten ist zu rechnen, in: Berliner Zeitung vom 04.06.1999, S.2; http://www.berlinonline.de/berliner-zeitung/archiv/.bin/dump.fcgi/1999/0604/politik/0117/index.html?subnav=Journal (Abruf am 15.10.2007).

Bilmes, Linda/ Stiglitz, Joseph E. (2006): Encore: Iraq Hemorrhage, The Milken Institute Review, 4. Quartal, S. 76-83.

Blaku, Rifat (1995): Hintergründe der Auswanderung von Albanern aus Kosova in die Westeuropäischen Staaten, Wien.

Bock, Joseph G./ Pham, Huy (2006): Ethnic Riots in Kosovo. What went Right?, in: Journal of Refugee Studies, Bd. 19, Nr. 1, S.113-125.

Bonn International Center for Conversion (BICC; 2006): Jahresbericht 2005/2006. Bonn.

Brzoska, Michael (2006): Konfliktunterdrückung statt Konfliktlösung? In: Die Friedens-Warte, Band 81, Heft 2, S. 25-31.

Bundesregierung der BRD (Bundesregierung 2008a): „Sicherer als früher": Meinungsbild der Menschen in Afghanistan, 06.02.2008; http://www.bundesregierung.de/Content/DE/Artikel/2008/02/2008-02-06-umfrage-fu-afghanistan.html (Abruf am 10.06.2008).

Bundesregierung der BRD (Bundesregierung 2008b): Schnelle Eingreiftruppe der Bundeswehr für Afghanistan, 06.02.2008; http://www.bundesregierung.de/nn_774/Content/DE/Artikel/2008/02/2008-02-06-jung-pk-afghanistan.html (Abruf am 25.06.2008).

Bundesregierung der BRD (Bundesregierung 2008c): Engagement in Afghanistan verstärken, 24.06.2008; http://www.bundesregierung.de/nn_774/Content/DE/Artikel/2008/06/2008-06-24-engagement-bundeswehr-afghanistan.html (Abruf am 25.06.2008).

Bundestagsdrucksache 16/9287 (2008): Antrag der Bundesregierung zur Fortsetzung der deutschen Beteiligung an der internationalen Sicherheitspräsenz im Kosovo, 27.05.2008; http://dip21.bundestag.de/dip21/btd/16/092/1609287.pdf (Abruf am 24.06.2008).

CARE (2004): The Cost of Doing too Little, in: Afghanistan Policy Brief, März; http://www.care.org/newsroom/specialreports/afghanistan/CICBrief_final.pdf (Abruf am 15.10.2007).

Center for Strategic and Budgetary Assessments (2008): Cost of Military Operations. Iraq. http://www.csbaonline.org/2006-1/2.DefenseBudget/Iraq.shtml (Abruf am 16.3.2008).

Central Statistics Office of Afghanistan (2003): Afghanistan Statistical Yearbook, Kabul; http://www.cso.gov.af/Census/Census103Population.pdf (Abruf am 15.10.2007).

Chanaa, Jane (2005): Iraq, in: Forced Migration Online; http://www.forcedmigration.org/guides/fmo015/fmo015.pdf (Abruf am 23.10.2007).

Chiclet, Christophe (1999): Aux origines de l'Armée de libération du Kosovo, in: Le Monde Diplomatique, 20.05.1999; http://www.monde-diplomatique.fr/1999/05/CHICLET/12026 (Abruf 04.10.2007).

Chomsky, Noam (2000): Au Kosovo, il y avait une autre solution , in: Le Monde diplomatique, 14.03.2000, S. 10f.

CIA World Factbook (2007a): Afghanistan. Country Profile; https://www.cia.gov/library/publications/the-world-factbook/geos/af.html (Abruf am 15.10.2007).

CIA World Factbook (2007b): Iraq. Country Profile; https://www.cia.gov/library/publications/the-world-factbook/geos/iz.html (Abruf am 14.11.2007).

Clark, Howard (2000): Civil Resistance in Kosovo. London/ Sterling.

Clinton, Bill (1999): U.S. and NATO Objectives and Interests in Kosovo, Fact Sheet released by the U.S. Department of State, Washington D.C., 26.03.1999; http://www.state.gov/www/regions/eur/fs_990326_ksvobjectives.html (Abruf am 04.10.2007).

Cockburn, Patrick (2007): Iraqis abandon their homes in Middle East's new refugee exodus, in: The Independent, 01.02.2007; http://news.independent.co.uk/world/middle_east/article2204094.ece (Abruf am 22.10.2007).

Cohen, Roberta/ Korn, David A. (1999): Failing the internally displaced, in: Forced Migration Review, Nr. 5, S. 11-13.

Cohen, Roberta (2002): Afghanistan and the challenges of humanitarian action in time of war, in: Forced Migration Review, Nr. 13, S. 23-27.

Conetta, Carl (2002a): Strange Victory: A critical appraisal of Operation Enduring Freedom and the Afghanistan war, Project on Defense Alternatives Research Monograph, Nr. 6; 30.01.2002; http://www.comw.org/pda/0201strangevic.html#1.2.1 (Abruf am 15.10.2007).

Conetta, Carl (2002b): Operation Enduring Freedom. Why a Higher Rate of Civilian Bombing Casualties; Project on Defense Alternatives Briefing Report Nr. 11, 18.01.2002; http://www.comw.org/pda/0201oef.html (Abruf am 15.10.2007).

Connor, Kerry M. (1987): Rationales for the Movement of Afghan Refugees to Peshawar, in: Farr, G.M./ Merriam, J.G. (Hg.): Afghanistan Resistance. The Politics of Survival, London, S. 151-190.

Crawford, Timothy W. (2001): Pivotal Deterrence and the Kosovo War: Why the Holbrooke Agreement Failed, in: Political Science Quarterly, Bd. 116, Nr. 4, 2001-2002; S. 499-523.

Dahl Thruelsen, Peter (2006): From Soldier to Civilian. Disarmament Demobilisation Reintegration in Afghanistan, Danish Institute for International Studies: DIIS Report, Nr. 7; http://www.diis.dk/graphics/Publications/Reports2006/RP2006-7web.pdf (Abruf am 15.10.2007).

Dammers, Chris (1998): Iraq, in: Hampton, Janie (Hg.): Internally Displaced People. A Global Survey, London, S. 180-185.

Dauphinee, Elisabeth Allen (2003): Rambouillet. A critical (re)assessment, in: Bieber, Florian (Hg.): Understanding the war in Kosovo, London, S. 101-124.

Davis, Anthony (1998): How the Taliban became a military force. In: Maley, William (Hrsg.): Fundamentalism Reborn? London: Hurst & Company, S. 43-71.

Deutsche Welle (DW; 2008): Afghanistan: 8000 Tote im vergangenen Jahr, Internetausgabe vom 11.03.2008; http://www.dw-world.de/dw/article/0,2144,3184464,00.html (Abruf am 13.05.2008).

Doggett, Tom (1999): Cohen Fears 100,000 Kosovo Men Killed by Serbs, in: Washington Post, Internetausgabe vom 16.05.1999; http://www.washingtonpost.com/wp-srv/inatl/longterm/balkans/stories/cohen051699.htm (Abruf am 04.10.2007).

Donovan, Jeffrey (2002): U.S.: New Report Calls Refugees Indirect Victims Of War On Terrorism, in: RFE/ RL am 07.06.2002; http://www.rferl.org/features/2002/06/07062002161947.asp (Abruf am 15.10.2007).

Dupree, Nancy/ Goutierre, Thomas E. (2001): The Society and its Environment, in: Federal Research Division/Library of Congress (Hg.): Afghanistan: A Country Study, Baton Rouge, LA; http://lcweb2.loc.gov/cgi-bin/query2/r?frd/cstdy:@field(DOCID+af0035) (Abruf am 15.10.2007).

Ehrhart, Hans-Georg/ Kaestner, Roland 2008: Afghanistan: Scheitern oder Strategiewechsel, in: Hamburger Informationen zur Friedensforschung und Sicherheitspolitik, 43/2008.

Elsie, Robert (1991): Kosovo. In the Heart of the Powder Keg. East European Monographs, No. CDXXVIII. Columbia University Press, New York

Erlanger, Steven/ Wren, Christopher S. (1999): Early Count Hints at Fewer Kosovo Deaths, in: New York Times, 11.11.1999; http://www.nytimes.com/library/world/europe/111199kosovo-un.html (Abruf am 04.10.2007)

European Stability Initiative (ESI; 2006): Das gekappte Rettungsseil. Auswanderung, Familien und die Zukunft des Kosovo; Berlin, Istanbul;

http://www.esiweb.org/index.php?lang=de&id=156&document_ID=82 (Abruf am 04.10.2007).

Europäisches Parlament (2007): Resolution of 12 July 2007 on the humanitarian situation of Iraqi refugees; http://www.europarl.europa.eu/sides/getDoc.do?type=TA&Reference=P6-TA-2007-0357&language=EN (Abruf am 22.05.2008).

Farrell, Graham/ Thorne, John (2005): Where have all the flowers gone? Evaluation of the Taliban crackdown against opium poppy cultivation in Afghanistan, in: International Journal on Drug Policy, Vol. 16, Nr. 2, S. 81-91.

Fawcett, John/ Tanner, Victor (2002): The Internally Displaced People of Iraq, Oktober, The Brookings Institution-SAIS Project on Internal Displacement; http://www.reliefweb.int/w/rwb.nsf/0/4c49f0a55b94358fc1256cbf003a882f?OpenDocument (Abruf am 22.10.2007).

Feichtinger, Walter (2000): Die militärstrategische und operative Entwicklung im Konfliktverlauf, in: Reiter, Erich (Hg.): Der Krieg um das Kosovo 1998/99, Mainz, S. 93-135.

Ferris, Elizabeth (2007): Security, Displacement and Iraq: A Deadly Combination, Brookings-Bern Project on Internal Displacement, 27.08.2007; http://www.brookings.edu/papers/2007/0827humanrights_ferris.aspx (Abruf am 23.10.2007).

Ferris, Elizabeth/ Hall, Matthew (2007) Update on Humanitarian Issues and Politics in Iraq, Brookings-Bern Project on Internal Displacement, 06.07.2007; http://www.brookings.edu/fp/projects/idp/20070706.pdf (Abruf am 23.10.2007).

Fischer Weltalmanach (2007): Irak. Gewaltsame Konflikte, Frankfurt/ Main; http://www.bpb.de/wissen/GQ0Z5K,1,0,Irak.html#art1 (Abruf am 23.10.2007).

Fleig, Wiebke (2007): Anatomie eines Bürgerkriegs, in: Die Zeit, 15.02.2007; http://www.zeit.de/online/2007/07/Irak-Buergerkrieg (Abruf am 08.11.2007).

Foreign Affairs (2007): The Failed State Index 2007; http://www.foreignpolicy.com/story/cms.php?story_id=3865&page=7 (Abruf am 08.11.2007).

Frank, Cornelia (2006): Die UÇK im Kosovo. Aufstieg, Konsolidierung, Transformation, in: Bakonyi, Jutta/ Hensell, Stephan/ Siegelberg, Jens (Hg.): Gewaltordnungen bewaffneter Gruppen: Ökonomie und Herrschaft nichtstaatlicher Akteure in den Kriegen der Gegenwart, Baden-Baden, S.167-178 (Demokratie, Sicherheit, Frieden, Bd. 181).

Frankfurter Allgemeine Zeitung (FAZ; 2007): 2006 deutlich mehr Terroranschläge, Ausgabe vom 02.05.2007, S.2.

Frankfurter Allgemeine Zeitung (FAZ; 2008a): Terrorbericht veröffentlicht 'Al Quaida bleibt größte terroristische Bedrohung', Internetausgabe vom 01.05.2008; http://www.faz.net/s/RubDDBDABB9457A437BAA85A49C26FB23A0/Doc~E AB491079E2BC4C359201181206B13DD1~ATpl~Ecommon~Scontent.html (Abruf am 13.05.2008).

Frankfurter Allgemeine Zeitung (FAZ; 2008b): Taliban stürmen Gefängnis von Kandahar, Internetausgabe vom 13.06.2008; http://www.faz.net/s/RubDDBDABB9457A437BAA85A49C26FB23A0/Doc~E A66E8B5F02734B0983FC91DAC5639C9C~ATpl~Ecommon~Scontent.html?r ss_aktuell (Abruf am 19.06.2008).

Fried, Nico (2005): 'Ich habe gelernt: Nie wieder Auschwitz'. Die Erinnerung an das Vernichtungslager gehört zu den Leitlinien von Außenminister Joschka Fischer, in: Süddeutsche Zeitung vom 25.01.2005; http://www.sueddeutsche.de/ausland/artikel/631/46585/ (Abruf am 08.11.2007).

Fröhlich, Manuel/Bütof, Maria/Lemanski, Jan (2006): Mapping UN Presence. A Follow-Up to the Human Security Report. In: Die Friedens-Warte, Band 81, Heft 2, S. 13-23.

Frumin, Amy et al. (2005): The Road Ahead: Issues for Consideration at the Berlin Conference for Afghanistan; http://www.csis.org/component/option,com_csis_pubs/task,view/id,495/ (Abruf am 15.10.2007).

Fund For Peace (2005): Failed State Index 2005; http://www.fundforpeace.org/web/index.php?option=com_content&task=view& id=103&Itemid=325 (Abruf am 15.10.2007).

Fund For Peace (2006): Failed State Index 2006; http://www.fundforpeace.org/web/index.php?option=com_content&task=view& id=104&Itemid=324 (Abruf am 15.10.2007).

Fund For Peace (2007): Failed State Index 2007; http://www.fundforpeace.org/web/index.php?option=com_content&task=view& id=229&Itemid=366 (Abruf am 15.10.2007).

Gathmann, Moritz (2008): Bis zu 200.000 tote irakische Zivilisten, in: Tagesspiegel, Internetausgabe vom 20.03.2008; http://www.tagesspiegel.de/politik/div/;art771,2497856 (Abruf am 22.05.2008) .

Gesellschaft für bedrohte Völker (GFBV; 1998): Kosovo: Krieg, Vertreibung, Massaker; http://www.bndlg.de/~wplarre/gfbv-03.htm (Abruf am 04.10.2007).

Ghufran, Nasreen (2001): The Taliban and the Civil War Entanglement in Afghanistan. Asian Survey, Vol. 41, No. 3. Berkeley: University of California Press, S. 462-487.

Giersch, Carsten (2000): NATO und militärische Diplomatie im Kosovo-Konflikt, in: Clewing, Konrad/ Reuter, Jens (Hg.): Der Kosovo-Konflikt. Ursachen . Akteure . Verlauf, München (Bayerische Landeszentrale für politische Bildung), S. 443-466.

Gießmann, Hans J. (2006): Der Human Security Report: Neue Fakten, neue Mythen? In: Die Friedens-Warte, Band 81, Heft 2, S. 39-48.

Global IDP Project (2002): Profile of Internal Displacement: Afghanistan. Compilation of the information available in the Global IDP Database of the Norwegian Refugee Council, Oktober 2002; http://www.internal-displacement.org/8025708F004BE3B1/(httpInfoFiles)/E1D653D14842184D802 570B50042859B/$file/Afghanistan_October+2002.pdf (Abruf am 15.10.2007).

Graf, Wilfried (2000): Rambouillet: Warum es keine Friedensverhandlungen gab, in: Bilek, Anita / Graf, Wilfried/ Kramer, Helmut (Hg.): Welcher Friede? Lehren aus dem Krieg um Kosovo. Beiträge der Friedensforschung, Münster (Agenda Frieden, Bd. 36), S. 83-88.

Greco, Ettore (1998): The OSCEs Kosovo Verification Mission. A preliminary assessment, in: International Peacekeeping, Nr. 4, S. 115-118.

Grobe-Hagel, Karl (2002): Al Quaeda, Afghanistan und der „Kreuzzug" der USA, Karlsruhe.

Gröhe, Hermann (2008): Christenverfolgung im Irak, in: chrismon 04/2008, S. 10.

Halbach, Uwe (2004): Drogenströme durch den GUS-Raum. Symptom und Ursache von Instabilität, Berlin: Stiftung Wissenschaft und Politik (SWP-Studie, S 47, November).

Halimi, Serge/Vidal, Dominique (2000): Leçons d'une Guerre. Médias et Désinformation, in: Le Monde Diplomatique, 17.03.2000, S.12f.; http://www.monde-diplomatique.fr/2000/03/HALIMI/13425 (Abruf am 04.10.2007).

Hänsel, Heiko/ Stobbe, Hans-Günther (2002): Die deutsche Debatte um den Kosovo-Krieg. Schwerpunkte und Ergebnisse. Versuch einer Bilanz nach drei Jahren, Berlin (Heinrich-Böll-Stiftung).

Handrick, Steffen (2005): Das Kosovo und die internationale Gemeinschaft: Nation-Building versus Peace-building?, Hamburg: Helmut-Schmidt-Universität/Universität der Bundeswehr (Studien zur internationalen Politik; Nr. 2).

Hagen, Regina (1999): Verkürzte Fassung des Rambouillet-Abkommens, in: FriedensForum, Nr. 3; http://www.friedenskooperative.de/ff/ff99/3-28.htm (Abruf am 04.10.2007).

Harper, Andrew (2008): Iraq: growing needs amid continuing displacement, in: Forced Migration Review, 29/2008, S. 51-53.

Hasenclever, Andreas (2000): Die Macht der Moral in der internationalen Politik. Militärische Interventionen westlicher Staaten in Somalia, Ruanda und Bosnien-Herzegowina. Studien der Hessischen Stiftung Friedens- und Konfliktforschung Band 36, Frankfurt/New York.

Heinemann-Grüder, Andreas/ Paes, Wolf-Christian (2001): Wag the Dog. The Mobilization and Demobilization of the Kosovo Liberation Army, Bonn : BICC - Bonn International Center for Conversion, Friedrich.Naumann.Stiftung (Brief, Bd. 20).

Hippler, Jochen (1990): Kurdistan. Ein ungelöstes Problem im Mittleren Osten, in: Vereinte Nationen, Dezember 1990, S. 202-205.

Hippler, Jochen (1996): Das langsame Austrocknen des Humanitären Interventionismus, in: Debiel, Tobias / Nuscheler, Franz (Hg.), Der neue Interventionismus - Humanitäre Einmischung zwischen Anspruch und Wirklichkeit, Bonn, S. 77-102 (Eine Welt - Texte der Stiftung Entwicklung und Frieden).

Hippler, Jochen (1997): Afghanistan: Von der „Volksdemokratie" zur Herrschaft der Taliban, in: Betz, Joachim / Brüne, Stefan (Hg.): Jahrbuch Dritte Welt 1998, München, S. 165-184.

Hippler, Jochen (1999): Rückblick auf den Kosovokrieg – eine Zeitschriftenschau, in: epd-Entwicklungspolitik, 22/1999 (November), S. 71-73; http://www.jochen-hippler.de/Aufsatze/Ruckblick_auf_den_Kosovokrieg/ruckblick_auf_den_kosov okrieg.html (Abruf am 28.05.2008).

Hippler, Jochen (2001): Gewaltkonflikte auf dem Balkan und die internationale Konfliktbearbeitung, in: Mutz, Reinhard /Schoch, Bruno /Ratsch, Ulrich (Hg.): Friedensgutachten 2001, Münster, S. 207-216.

Hockenos, Paul (2003): Homeland Calling. Exile Patriotism and the Balkan Wars, Ithaca/ London.

Human Rights Watch (HRW; 1993): Genocide in Iraq. The Anfal Campaign Against the Kurds. A Middle East Watch Report; http://hrw.org/reports/1993/iraqanfal/index.htm#TopOfPage (Abruf am 22.10.2007).

Human Rights Watch (HRW; 1999a): Federal Republic of Yugoslavia. A Week of Terror in Drenica. Humanitarian Law Violations in Kosovo; http://www.hrw.org/reports/1999/kosovo/ (Abruf am 04.10.2007).

Human Rights Watch (HRW; 1999b): Federal Republic of Yugoslavia. Abuses against Serbs and Roma in the New Kosovo, August, Human Rights Watch Report, Vol. 11, No. 10; http://www.hrw.org/reports/1999/kosov2/ (Abruf am 14.11.2007).

Human Rights Watch (HRW; 2000): Civilian Deaths In The NATO Air Campaign; http://www.hrw.org/reports/2000/nato/index.htm#TopOfPage (Abruf am 28.05.2008).

Human Rights Watch (HRW; 2001): Under Orders. War Crimes in Kosovo; http://www.hrw.org/reports/2001/kosovo/part_two.pdf (Abruf am 14.11.2007).

Human Rights Watch (HRW; 2002): Afghanistan, Iran, and Pakistan. Closed Door Policy, Vol. 12, No. 2; http://hrw.org/reports/2002/pakistan/index.htm#TopOfPage (Abruf am 15.10.2007).

Human Rights Watch (HRW; 2003): Iraqi Refugees, Asylum Seekers and Displaced Persons: Current Conditions and Concerns in the Event of War; Human Rights Watch Briefung Paper, Februar; http://www.hrw.org/backgrounder/mena/iraq021203/iraq-bck021203.pdf (Abruf am 23.10.2007).

Human Rights Watch (HRW; 2004): Failure to Protect: Anti-Minority Violence in Kosovo, März; Human Rights Watch Report, Vol. 16, No. 6; http://hrw.org/reports/2004/kosovo0704/download.htm (Abruf am 14.11.2007).

Human Rights Watch (HRW; 2006a): Lessons in Terror. Attack on Education in Afghanistan, Human Rights Watch, Vol. 18, No. 6; http://www.hrw.org/reports/2006/afghanistan0706/afghanistan0706webfull.pdf (Abruf am 15.10.2007).

Human Rights Watch (HRW; 2006b): The Silent Treatment. Fleeing Iraq, Surviving in Jordan, Vol. 18, No. 10; www.hrw.org/reports/2006/jordan1106/jordan1106web.pdf (Abruf am 22.10.2007).

Human Rights Watch (HRW; 2007): Iran: Halt Mass Deportation of Afghans. Investigate Abuses at Three Detention Centers, 19.06.2007; http://hrw.org/english/docs/2007/06/18/iran16206.htm (Abruf am 15.10.2007).

Human Rights Watch (HRW; 2008): Afghanistan, Januar 2008; http://hrw.org/wr2k8/pdfs/afghanistan.pdf (Abruf am 21.05.2008).

Human Security Center, The University of British Columbia, Canada (2005): Human Security Report 2005. War and Peace in the 21st Century. Oxford.

iCasualties (2008): Operation Enduring Freedom; http://www.icasualties.org/oef/ (Abruf am 07.07.2008).

Info-Dienst Sicherheitspolitik (2008): Kosten des Irak-Krieges. Nr. 3, S. 1.

International Crisis Group (ICG; 1998a): Kosovo Spring, ICG Balkans Report, Priština-Sarajevo, 20.03.1998; http://www.crisisgroup.org/library/documents/report_archive/A400178_200319 98.pdf (Abruf am 14.11.2007).

International Crisis Group (ICG; 1998b): Kosovo's Long Hot Summer: Briefing on military, humanitarian and political developments in Kosovo, ICG Balkans Report Nr. 41, Priština-Sarajevo, 02.09.1998; http://www.crisisgroup.org/library/documents/report_archive/A400167_020919 98.pdf (Abruf am 14.11.2007).

International Crisis Group (ICG; 1999a): The Policing Gap. Law and Order in the New Kosovo. ICG Balkans Report Nr. 74, Priština /Brüssel, 06.08.1999; http://www.crisisgroup.org/library/documents/europe/balkans/074___the_polici ng_gap__law_and_order_in_the_new_kosovo.pdf (Abruf am 14.11.2007).

International Crisis Group (ICG; 1999b): Waiting for UNMIK. Local Administration in Kosovo. ICG Balkans Report Nr. 79, Priština /Brüssel, 18.10.1999; http://www.crisisgroup.org/library/documents/report_archive/A400012_181019 99.pdf (Abruf am 14.11.2007).

International Crisis Group (ICG; 2004): Collapse in Kosovo, ICG Europe Report Nr. 155, Priština /Belgrade/Brüssel, 22.04.2004; http://www.crisisgroup.org/library/documents/europe/balkans/155_collapse_in_ kosovo_revised.pdf (Abruf am 14.11.2007).

International Crisis Group (ICG; 2005): Afghanistan: Getting Disarmament Back on Track, Asia Briefing Nr. 35, Kabul/Brussels, 23.02.2005; http://www.crisisgroup.org/library/documents/asia/south_asia/b035_afghanistan _getting_disarmament_back_on_track_web.pdf (Abruf am 15.10.2007).

International Crisis Group (ICG; 2006a): An Army for Kosovo? ICG Europe Report Nr. 174, Priština et al., 28.07.2006; http://www.crisisgroup.org/library/documents/europe/balkans/174___an_army_f or_kosovo.pdf (Abruf am 14.11.2007).

International Crisis Group (ICG; 2006b): Countering Afghanistan's Insurgency: No Quick Fixes, Asia Report Nr. 123, 02.11.2006;

http://www.crisisgroup.org/library/documents/asia/south_asia/123_countering_a
fghanistans_insurgency.pdf (Abruf am 15.10.2007).

International Crisis Group (ICG; 2006c): The Next Iraqi War? Sectarianism and
Civil Conflict. Middle East Report Nr. 52; Amman/Baghdad/Brüssel.

International Crisis Group (ICG; 2007): Afghanistan's Endangered Compact,
Asia Briefing, Nr. 59, 29.01.2007;
http://www.crisisgroup.org/library/documents/asia/south_asia/b59_afghanistans
_endangered_compact.pdf (Abruf am 15.10.2007).

Internationaler Strafgerichtshof für das ehemalige Jugoslawien (ICTY; 2000):
Address to the Security Council by Carla del Ponte, Prosecutor of the
International Criminal Tribunals for the Former Yugoslavia and Rwanda, Press
Release, 24.11.2007; http://www.un.org/icty/pressreal/p542-e.htm (Abruf am
14.11.2007).

Iraq Body Count Project (IBC; 2005): A dossier of civilian casualties 2003-
2005;
http://www.reports.iraqbodycount.org/a_dossier_of_civilian_casualties_2003-
2005.pdf (Abruf am 23.10.2007).

Iraq Body Count Project (IBC; 2007): Reported civilian deaths resulting from
the US-led military intervention in Iraq; http://www.iraqbodycount.net/database/
(Abruf am 23.10.2007).

Iraq Body Count Project (IBC; 2008): Database 2008;
http://www.iraqbodycount.org/database/ (Abruf am 07.07.2008).

Internal Displacement Monitoring Centre (IDMC; 2006): Iraq. Sectarian
violence, military operations spark new displacement, as humanitarian access
deteriorates, 23.05.2006; http://www.internal-
displacement.org/8025708F004BE3B1/(httpInfoFiles)/8C60C262FC508AD1C1
257177004DA5C2/$file/Iraq%20-May%202006.pdf (Abruf am 23.10.2007).

Iraq Family Health Survey Study Group (2008): Violence-Related Mortality in
Iraq from 2002 to 2006. In: The New England Journal of Medicin, Volume 358:
484-493, Number 5, 31.01.2008.

Integrated Regional Information Networks (IRIN; 2007a): Iraq. Another Million
People could free homes this year, 06.03.2007;
http://www.irinnews.org/Report.aspx?ReportId=70525 (Abruf am 22.10.2007).

Integrated Regional Information Networks (IRIN; 2007b): Iraq-Jordan. New
rules a 'death sentence' for Iraqis, 01.03.2007;
http://www.irinnews.org/Report.aspx?ReportId=70470 (Abruf am 22.10.2007).

Integrated Regional Information Networks (IRIN; 2007c): Iraq. Parliament considers using oil revenue to help refugees, 20.06.2007; http://www.irinnews.org/Report.aspx?ReportId=72840 (Abruf am 22.10.2007).

Integrated Regional Information Networks (IRIN; 2008a): Afghanistan: More provinces poppy-free, but opium production still high, 12.05.2008; http://www.irinnews.org/Report.aspx?ReportId=78141 (Abruf am 20.05.2008).

Integrated Regional Information Networks (IRIN; 2008b): Afghanistan: Unlawful killings must cease immediately - UN rapporteur, 15.05.2008; http://www.unhcr.org/cgi-bin/texis/vtx/refworld/rwmain?docid=482d4205c (Abruf am 21.05.2008).

Integrated Regional Information Networks (IRIN; 2008c): Afghanistan: Call for food aid from conflict-hit Helmand Province, 13.05.2008; http://www.irinnews.org/Report.aspx?ReportId=78166 (Abruf am 20.05.2008)

Integrated Regional Information Networks (IRIN; 2008d): Afghanistan: Over 360,000 affected by reduced health services, 14.05.2008; http://www.irinnews.org/Report.aspx?ReportId=78185 (Abruf am 21.05.2008).

Integrated Regional Information Networks (IRIN; 2008e): Iraq: UNHCR concerned about funding for refugees, IDPs, 30.04.2008; http://www.irinnews.org/Report.aspx?ReportId=77990 (Abruf am 21.05.2008).

Jane's Defence (2001): The Taliban's military forces (Prior to hostilities). http://www.janes.com/defence/news/misc/jwa011008_2_n.shtml (Abruf am 25.10.2007).

Jelsma, Martin (2005): Learning Lessons from the Taliban Opium Ban, in: International Journal on Drug Policy, Vol. 16, Nr. 2, S. 98-103.

Jessen-Petersen, Søren (2006): Challenges of Peacebuilding: The Example of Kosovo, in: S+F, Jg. 24, Nr.1, S.6-10.

Jütersonke, Oliver/Schwarz, Rolf Stepan (2006): Freiheit von Angst, nicht Freiheit von gewaltsamem Tod. In: Die Friedens-Warte, Band 81, Heft 2, S. 33-37.

Khan, S.A. (1990): Afghanistan: operation Salam. In: Journal du Programme Alimentaire Mondial (PAM) (no. 13), p. 29-30.

Kakar, M. Hassan (1995): Afghanistan: The Soviet Invasion and the Afghan Response, 1979-1982, Berkeley; http://ark.cdlib.org/ark:/13030/ft7b69p12h/ (Abruf am 15.10.2007).

Karádi, Matthias Z. (1999): Terroristen oder Freiheitskämpfer? Die Metamorphosen der UÇK, in: Albrecht, Ulrich/ Schäfer, Paul (Hg.): Der Kosovo-Krieg. Fakten, Hintergründe, Alternativen, Köln, S. 113-124.

Katzman, Kenneth (2006): Afghanistan: Post-War Governance, security, and U.S. policy; Congressional Research Service (CRS) Reports and Issue Briefs; http://www.law.umaryland.edu/marshall/crsreports/crsdocuments/RL30588_031 72006.pdf (Abruf am 15.10.2007).

Kifner, John (1999): Inquiry Estimates Serb Drive Killed 10,000 in Kosovo, in: New York Times, 18.07.1999, S. A1, A6; http://query.nytimes.com/gst/fullpage.html?res=9A0DE1DE103FF93BA25754C 0A96F958260&sec=&spon=&pagewanted=1 (Abruf am 04.10.2007).

Koelbl, Susanne / Szandar, Alexander (2008): Der wichtigste Feind, in: Der Spiegel, Nr. 21, 19.05.2008, S. 46f.

Kramer, Helmut/Džihić, Vedran (2005): Die Kosovo-Bilanz. Scheitert die internationale Gemeinschaft?, Wien (Politik Aktuell, Bd. 1).

Krastev, Nikola (2001): Afghanistan Refugees Face Harsh Winter, Cold Reception, in: RFE/RL am 22.10.2007; http://www.rferl.org/features/2001/10/22102001074137.asp (Abruf am 15.10.2007).

Kreidl, Jakob (2006): Der Kosovo-Konflikt. Vorgeschichte, Verlauf und Perspektiven. Zur Stabilisierung einer Krisenregion, Frankfurt et al. (Studien zur Internationalen Politik, Bd. 6).

Krstic, Anika (2007): IDPs from Kosovo still awaiting durable solutions, in: Forced Migration Review, 27/2007, S. 64-65.

Krushelnycky, Askold (2002): Afghanistan: Refugees return faster than expected; in: RFE/RL am 25.04.2002; http://www.rferl.org/features/2002/04/25042002090222.asp (Abruf am 15.10.2007).

Kühn, Florian P. (2008): Aid, opium, and the state of rents in Afghanistan: competition, cooperation, or cohabitation?, in: Journal of Intervention and statebuilding, Special Issue, Vol. 2, Spring 2008.

Kursawe, Jane (2007): Afghanistan's Vicious Circle, in: Magazine for Development and Cooperation /E+Z, Nr. 3, Onlineausgabe; http://www.inwent.org/E+Z/content/archive-eng/03-2007/tribune_art1.html (Abruf am 15.10.2007).

Lange, Klaus (1999): Die UÇK. Anmerkungen zu Geschichte, Struktur und Zielen, in: Aus Politik und Zeitgeschichte, Heft 34, S. 33-39.

Leukefeld, Karin (2006a): Palästinenser fliehen vor Gewalt im Irak, in: Neues Deutschland, 22.03.2006; http://www.uni-kassel.de/fb5/frieden/regionen/Irak/leukefeld16.html (Abruf am 22.10.2007).

Leukefeld, Karin (2006b): ‚Bush hat beschlossen, dass sich die Iraker sofort aus dem Land zurückziehen sollen'. Hinter dem Witz verbirgt sich ein großer Exodus aus dem Irak, in: Neues Deutschland, 02.11.2006; http://www.uni-kassel.de/fb5/frieden/regionen/Irak/exodus.html (Abruf am 22.10.2007).

Leukefeld, Karin (2007): Millionen Flüchtlinge in und aus Irak. ‚Stiller Exodus' aus dem Zweistromland, in: Neues Deutschland, 19.04.2007; http://www.uni-kassel.de/fb5/frieden/regionen/Irak/fluechtlinge2.html (Abruf am 22.10.2007).

Lienau, Cay (1995): Die Albanische Minderheit, in: Schmalz-Jacobsen, Cornelia/ Hansen, Georg: Ethnische Minderheiten in der Bundesrepublik Deutschland. Ein Lexikon, München, S. 52-61.

Loborec, Robert (2002): Brandherd Kosovo. Taunusstein.

Loquai, Heinz (2000): Der Kosovo-Konflikt. Wege in einen vermeidbaren Krieg. Die Zeit von Ende November 1997 bis März 1999. Baden-Baden.

Lubbers, Ruud (2003): After September 11. New Challenges to Refugee Protection, in: USCR World Refugee Survey, S. 1-6.

Lutz, Dieter S. (2000): „Krieg nach Gefühl". Manipulation: Neue Zweifel am Nato-Einsatz im Kosovo, in: Frankfurter Allgemeine Zeitung vom 15.12.2000, S. 47.

Maaß, Citha D. (2007): Afghanistan: Staatsaufbau ohne Staat, Berlin: Stiftung Wissenschaft und Politik (SWP-Studie, Nr. 4, Februar).

Maissonneuve, Michel (2000): The OSCE Kovovo Verification Mission, in: Canadian Military Journal, Frühjahr, S. 49-54.

Maliqi, Shkeken (1999): Die politische Geschichte des Kosovo, in: Melčić, Dunja (Hg.): Der Jugoslawien-Krieg. Handbuch zu Vorgeschichte, Verlauf und Konsequenzen, Opladen, S. 120-134.

Mappes-Niedeck, Norbert (1999): Woran scheiterte Rambouillet?, in: Freitag, Nr. 32, 06.08.1999; http://www.freitag.de/1999/32/99321101.htm# (Abruf am 04.10.2007).

Margesson, Rhoda (2007): Afghan Refugees: Current Status and Future Prospects, CRS Report for Congress, 26.01.2007, www.fas.org/sgp/crs/row/RL33851.pdf (Abruf am 14.10.2007).

Marko, Joseph (1999): Die staatsrechtliche Entwicklung des Kosovo/a von 1913 - 1995, in: ders. (Hg.): Gordischer Knoten Kosovo/a: Durchschlagen oder entwirren, Baden-Baden, S. 15-25 (Schriftenreihe der Europäischen Akademie Bozen, Bereich „Ethnische Minderheiten und regionale Autonomien", Bd. 3).

Marsden, Chris/ Grey, Barry (1999): Untersuchungsergebnisse widerlegen Behauptungen der NATO vom Völkermord im Kosovo; http://www.wsws.org/de/1999/nov1999/koso-n13.shtml (Abruf am 04.10.2007).

Marsden, Peter (1999): Repatriation and Reconstruction: The Case of Afghanistan, in: Black,Richard/ Koser, Khalid (Hg.): The End of the Refugee Cycle? Refugee Repatriation and Reconstruction. New York, S. 56-68.

Marsden, Peter/ Turton, David (2002): Taking refugees for a ride? The politics of refugee return to Afghanistan; Afghanistan Research and Evaluation Unit. Issues Paper Series, Dezember; http://www.areu.org.af/index.php?option=com_docman&task=doc_view&gid=3 30 (Abruf am 15.10.2007).

Martin, Edouard/ Symansky, Steven (2006): Macroeconomic Impact of the Drug Economy and Counter Narcotics Efforts, in: Doris Buddenberg/ William A. Byrd (United Nation Office of Drug and Crime, UNODC/ World Bank; Hg.): Afghanistan's Drug Industry. Structure, Functions, Dynamics and Implications for Counter-Narcotics Policy, Wien/Washington, S. 25-46.

Matinuddin, Kamal (2002): The Taliban Phenomenon. Afghanistan 1994-1997. 3. Auflage, Karachi: Oxford University Press.

Mayer, Lotta (2006): Weniger Kriege? Zweifel am Optimismus des Human Security Report. In: Die Friedens-Warte, Band 81, Heft 2, S. 49-57.

McDowall, David (1996): A Modern History of the Kurds, London.

McMahon, Robert (2001): Afghanistan: Refugees Return From Iran, Depart For Pakistan, in: RFE/RL am 16.11.2001, http://www.rferl.org/features/2001/11/16112001095509.asp (Abruf am 15.10.2007).

Meyer, Berthold/ Schlotter, Peter (2000): Die Kosovo-Kriege 1998/99. Die internationalen Interventionen und ihre Folgen, HSFK-Report Nr. 1, Frankfurt (Hessische Stiftung Friedens- und Konfliktforschung).

Mildner, Kirk (2006): Die Volkswirtschaft des Kosovo am Vorabend der Statusverhandlungen, in: Südosteuropa-Mitteilungen, Nr. 2, S.48-55.

Mite, Valentinas (2007): Iraq: Refugee Conference Addresses Plight Of Millions, RFE/RL, 17.04.2007; http://www.rferl.org/featuresarticle/2007/4/58087ACF-CD93-4748-AAAE-295D62A942B7.html (Abruf am 22.10.2007).

Monsutti, Alessandro (2006): Afghan Transitional Networks. Looking Beyond Repatriation. Afghanistan Research and Evaluation Unit. Synthesis Paper Series; http://www.areu.org.af/index.php?option=com_docman&Itemid=&task=doc_do wnload&gid=432 (Abruf am 15.10.2007).

Morris, Nicholas (1999): UNHCR and Kosovo. A personal view within UNHCR, in: Forced Migration Review, Nr. 5, S. 14-17.

Mundo, Fernando del/ Wilkinson, Ray (1999): A Race Against Time, in: Refugees, Nr. 116, 3/1999, S. 4-9.

Mutz, Reinhard (2000): Den Krieg gewonnen, den Frieden verfehlt - Das Debakel der Kosovo-Intervention, in: Frankfurter Rundschau, 07.06.2000; www.ifsh.de/dokumente/artikel/krieg.pdf (Abruf am 04.10.2007).

NATO (1999a): Military Technical Agreement between the International Security Force ("KFOR") and the Governments of the Federal Republic of Yugoslavia and the Republic of Serbia, 09.06.1999; http://www.nato.int/kosovo/docu/a990609a.htm (Abruf am 04.10.2007).

NATO (1999b): Undertaking of demilitarisation and transformation by the UÇK. Agreement signed: 20.06.1999; http://www.nato.int/kosovo/docu/a990620a.htm (Abruf am 04.10.2007).

Nezan, Kendal (2001): Fragile printemps kurde en Irak, in: Le monde diplomatique, 10.08.2001, S. 14; http://www.monde-diplomatique.fr/2001/08/NEZAN/15517 (Abruf am 14.11.2007).

OPEC (2006): Annual Statistical Bulletin. Summary Tables and Basic Indicators; http://www.opec.org/library/Annual%20Statistical%20Bulletin/interactive/FileZ/Main.htm (Abruf am 22.10.2007).

OSZE/ODIHR (1999): Kosovo/ Kosova. As seen, as told. An analysis of the human rights findings of the OSCE Kosovo Verification Mission October 1998 to June 1999, Warschau; http://www.osce.org/publications/odihr/1999/11/17755_506_en.pdf (Abruf am 04.10.2007).

Paasch, Rolf (2006): Zwischen „Compact" und Karikaturen Afghanistans mühevoller Weg zur Demokratie. Kurzberichte aus der internationalen Entwicklungszusammenarbeit – Asien und Pazifik, Februar; http://library.fes.de/pdf-files/iez/50208.pdf (Abruf am 15.10.2007)

Petersen, Erik (2005): The Kosovo Protection Corps. In Search of a Future. Field Notes, Groningen: Centre for European Security Studies.

Petritsch, Wolfgang et al. (1999): Kosovo, Kosova. Mythen, Daten, Fakten, Klagenfurt.

Physicians for Human Rights (PHR; 1999): War Crimes in Kosovo. A Population-Based Assessment of Human Rights Violations Against Kosovar Albanians, Boston/Washington DC;

http://physiciansforhumanrights.org/library/documents/reports/war-crimes-in-kosovo.pdf (Abruf am 04.10.2007).

Pollack, Kenneth M./ Byman, Daniel L. (2006): Iraqi Refugees. Carriers of Conflict?, in: The Atlantic Monthly, November; http://www.theatlantic.com/doc/prem/200611/iraqi-refugees (Abruf am 22.10.2007).

Poppelwell, Teresa (2002): Country Guide Afghanistan. Forced Migration Online; www.forcedmigration.org/guides/fmo006/fmo006.pdf (Abruf am 15.10.2007)

Pradetto, August (1998): Konfliktmanagement durch militärische Intervention? Dilemmata westlicher Kosovo-Politik. Studien zur Internationalen Politik (Hamburg), Heft 1.

Pradetto, August (2004): Zwischen „Krieg gegen den Terror", Wahlkampf und rot-grünen Prinzipien: Die deutsche Außen- und Sicherheitspolitik in der Irak-Krise, in: Pradetto, August (Hrsg.): Sicherheit und Verteidigung nach dem 11. September 2001. Akteure – Handlungsmuster – Strategien, Frankfurt a.M. u.a., S. 97-140.

Rashid, Ahmed (2000): Taliban. Militant Islam, Oil and Fundamentalism in Central Asia. New Haven & London. Yale University Press.

Raz, Guy (2007): Iraq: U.S. Contractors in Iraq Rely on Third-World Labor; http://www.npr.org/templates/story/story.php?storyId=15124608 (Abruf am 02.05.2008).

Refugees International (RI; 2007): Iraq. U.S. Response to Displacement Remains Inadequate,08.05.2007; http://www.refintl.org/files/9995_file_iraqresponse_0507.pdf (Abruf am 23.10.2007).

Reuter, Jens (1999): Die Entstehung des Kosovo-Problems. In: Aus Politik und Zeitgeschichte, Heft 34, S. 3-12.

Reuter, Jens (2000): Zur Geschichte der UK, in: Clewing, Konrad/ Reuter, Jens (Hg.): Der Kosovo-Konflikt. Ursachen - Akteure - Verlauf, München (Bayerische Landeszentrale für politische Bildung), S. 171-186.

Reuters Alert Net (2007): Factbox. Iraqi exodus worsens Mideast refugee problems, 15.04.2007; http://www.alertnet.org/thenews/newsdesk/L15573058.htm (Abruf am 23.10.2007).

RFE/RL am 03.03.2007: UN says 250,000 Afghans could return home; http://www.rferl.org/featuresarticle/2007/3/817BE18F-75A6-4F1D-838C-B3B9729DC85B.html (Abruf am 15.10.2007).

RFE/RL am 23.03.2007: Number of Iraqi Asylum Seekers Surged Last Year; http://www.rferl.org/featuresarticle/2007/03/20b953cf-0ab3-45a7-98f8-b26122d19633.html (Abruf am 23.10.2007).

RFE/RL am 16.04.2007: 'Urgent Measures' Needed To Help Displaced Iraqis; http://rferl.org/featuresarticle/2007/04/c9bbb128-e3ec-4e20-bfc6-3a2bbd30fdc0.html?napage=2 (Abruf am 20.05.2008).

Roberts, Adam (1999): NATOs ‚Humanitarian War' over Kosovo, in: Survival, Bd. 41, Nr. 3, S.102-123.

Robertson, George (2000): Kosovo One Year On. Achievement and Challenge; http://www.nato.int/kosovo/repo2000/report-en.pdf (Abruf am 04.10.2007).

Romano, David (2005): Whose House is this Anyway? IDP and Refugee Return in Post-Saddam Iraq, in: Journal of Refugee Studies, Bd. 18, No. 4, S. 430-453.

Rose, Jürgen (2000): Die Fiktion vom militärischen Humanismus. Der NATO-Krieg gegen Jugoslawien zwischen Interessen und Moral, in: W&F Wissenschaft und Frieden, Nr. 2; http://www.iwif.de/wf200-50.htm (Abruf am 15.10.2007).

Rose, Jürgen (2008): Afghanistan: Gewissen statt Gehorsam, in: TAS, Internetausgabe vom 05.06.2008; http://www.tagesspiegel.de/meinung/kommentare/Afghanistan;art141,2544208 (Abruf am 24.06.2008).

Rossbacher, Dina (2004): Friedenssicherung am Beispiel der Interimsverwaltung der Vereinten Nationen im Kosovo (UNMIK). Die Zivilverwaltung als neue Form der Friedenssicherung, Hamburg.

Roth, Kenneth(2004): Der Irak-Krieg war keine humanitäre Intervention, in: Die Zeit, Nr. 5, S. 17.

Roy, Olivier (1986): Islam and Resistance in Afghanistan, Cambridge.

Rößler, Hans-Christian (2008): Die meisten fliehen in Nachbarländer, in: FAZ vom 18.06.2008, S. 5.

Rubin, Barnett (2004): Road to Ruin, Afghanistan's Booming Opium Industry, Center for American Progress and Center on International Cooperation, New York University.

Rubin, Barnett et al. (2004): Building a New Afghanistan. The Value of Success, the cost of Failure, Center on International Cooperation, New York.

Rüb, Matthias (1999): Kosovo. Ursachen und Folgen eines Krieges in Europa, München.

Ruiz, Hiram A. (2002): Afghanistan. Conflict and Displacement 1978 to 2001, in: Forced Migration Review, Nr. 13, Juni, S. 8-11.

Ruiz, Hiram A. / Emery, Margaret (2002): Afghanistan's Refugee Crisis, in: Middle East Report Online, 24.09.2002; http://www.merip.org/mero/mero092401.html (Abruf am 20.05.2008).

Ruttig, Thomas (2006): Islamists, Leftists – and a Void in the Center. Afghanistan's Political Parties and where they come from (1902-2006), Kabul: Konrad-Adenauer-Stiftung e.V. - Afghanistan Office.

Saikal, Amin (2004): Modern Afghanistan. A History of Struggle and Survival, London & New York: I.B. Tauris.

Schetter, Conrad (2007): Lokale Macht- und Gewaltstrukturen in Afghanistan, in: Aus Politik und Zeitgeschichte, Nr. 39, S. 3-10.

Schmid, Klaus Peter (1999): Teurer Frieden. Der Wiederaufbau im Kosovo wird weit mehr kosten als der Krieg, in: Die Zeit, Nr. 25; http://www.zeit.de/1999/25/199925.teurer_frieden_.xml (Abruf am 15.10.2007)

Schmidl, Erwin (2000): Kosovo zwischen Groß-Serbien, Albanien und europäischer Intervention: Der geschichtliche Hintergrund, in: Reiter, Erich (Hg.): Der Krieg um das Kosovo 1998/99, Mainz, S. 11-21.

Schrenk, Martin et al. (1979): Yugoslavia. Self Management Socialism and the Challenges of Development. Report of the Mission sent to Yugoslavia by the World Bank, Baltimore.

Schröder, Gerhard (1999): Erklärung Bundeskanzler Gerhard Schröder zur Lage im Kosovo, Bonn, 24.03.1999, in: Bundespresseamt: Stichworte zur Sicherheitspolitik, Nr. 03, S. 41.

Schwarz, Peter (1999a): Das Scheitern der Konferenz von Rambouillet, in: World Socialist Web Site, 25.02.1999; http://www.wsws.org/de/1999/feb1999/ramb-f25.shtml (Abruf am 04.10.2007).

Selm, Joanne van (2002): Foreign Policy considerations in dealing with Afghanistan's refugees: When security and protection collide, in: Forced Migration Review, Nr. 13, S. 16-18.

Senanayake, Sumedha (2007): Iraq. Plight of Refugees in Neighbouring States Worsens, in: RFE/RL am 28.03.2007; http://www.rferl.org/featuresarticleprint/2007/03/b0e13710-9a31-4218-9c89-477fd91f5ba6.html (Abruf am 09.11.2007).

Shalizi, Hamid (2007): Afghanistan army to reach targeted strength by March, in: Reuters am 02.12.2007; http://www.reuters.com/article/worldNews/idUSISL5175520071202?pageNumber=1&virtualBrandChannel=0 (Abruf am 02.12.2007).

Shaw, Mark (2006): Drug Trafficking and the Development of Organized Crime in Post-Taliban Afghanistan, in: Buddenberg, Doris/ Byrd, William A. (Hg.):

Afghanistan's Drug Industry. Structure, functioning, dynamics and implications for counter-narcotics policy; Weltbank/UNODC, S. 189-214.

Siegelberg, Jens (1994): Kapitalismus und Krieg. Eine Theorie des Krieges in der Weltgesellschaft; Münster, Hamburg.

Sperl, Markus (2007): Fortress Europe and the Iraqi 'intruders': Iraqi asylum-seekers and the EU, 2003-2007, UNHCR: New Issues in Refugee Research, Research Paper Nr. 144; http://www.unhcr.org/publ/RESEARCH/470c9be92.pdf (Abruf am 23.10.2007).

Koelbl, Susanne / Szandar, Alexander (2008): Der wichtigste Feind, in: Der Spiegel, Nr. 21, 19.05.2008, S. 46f.

Spiegel, Paul B./ Salama, Peter (2000): War and Mortality in Kosovo, 1998-1999: An Epidemiological Testimony, in: The Lancet Nr. 9222, 24.06.2000, S. 2204-2209.

Stahel, Albert A. (2007): Seit wann ist Afghanistan ein failed state?, in: Strategische Studien, Mai; http://www.strategische-studien.com/uploads/media/20070505_Afghanistan_failed_state.pdf (Abruf am 09.11.2007).

Stålenheim, P., Perdomo, C. and Sköns, E. (2007): Military expenditure, in: SIPRI (Stockholm International Peace Research Institute): SIPRI Yearbook 2007. Armaments, disarmament and international security, Oxford, S. 267-297.

Stansfield, Gareth (2007): Accepting Realities in Iraq, Middle East Programme Briefing Paper, Chatham House, Nr. 2, Mai.

Statistisches Büro Kosovo (SOK; 2003): Kosovo and its Population, Priština; http://www.ks-gov.net/ESK/esk/pdf/english/population/Kosovo_population.pdf (Abruf am 20.05.2008).

Statistisches Büro Kosovo (SOK; 2007): Kosovo in Figures 2006; http://www.ks-gov.net/ESK/esk/pdf/english/general/kosovo_figures_06.pdf (Abruf am 20.05.2008).

Steele, Jonathan (2002): Forgotten victims, in: The Guardian, 20.05.2002; http://www.guardian.co.uk/Archive/Article/0,4273,4416837,00.html (Abruf am 20.05.2008).

Steinberg, Guido (2007): Der Irak zwischen Föderalismus und Staatszerfall. Interessen und Handlungsoptionen irakischer und regionaler Akteure, SWP-Studie Nr. 18, Juli.

Sterling, Joe (2007): Shantytowns springing up in Iraq, CNN am 15.06.2007; http://edition.cnn.com/2007/WORLD/meast/06/15/iraq.shantytowns/index.html (Abruf am 23.10.2007).

Süddeutsche Zeitung (SZ; 2008): Deutsche Soldaten im Kosovo: Bundestag verlängert Mandat, Internetausgabe vom 05.06.2008; http://www.sueddeutsche.de/deutschland/artikel/145/178600/ (Abruf am 24.06.2008).

Sundhaussen, Holm (2000): Kosovo. Eine Konfliktgeschichte, in: Clewing, Konrad/ Reuter, Jens (Hg.): Der Kosovo-Konflikt. Ursachen. Akteure. Verlauf, München (Bayerische Landeszentrale für politische Bildung), S. 65-88.

Tagesspiegel (TAS; 2008): Anschlag auf Karzai: Polizisten beteiligt, Internetausgabe vom 29.04.2008; http://www.tagesspiegel.de/politik/international/afghanistan/Afghanistan;art158 72,2521851 (Abruf am 22.05.2008).

Thürer, Daniel (1999): The 'failed State' and international law, in : International Review of the Red Cross , Nr. 836,S. 731-761; http://www.icrc.org/web/eng/siteeng0.nsf/html/57JQ6U (Abruf am 09.11.2007).

Tielsch, Julia (2006): UN-Verwaltung und Menschenrechte . Die internationale Zivilverwaltung im Kosovo, Frankfurt a.M. et al. (Europäische Hochschulschriften : Reihe 2, Rechtswissenschaft ; Bd. 4371).

Tosh, Caroline (2007): Former KLA Commanders Go on Trial, in: Institute of War and Peace Reporting, Tribunal Update; Nr.492, 09.03.2007; http://www.iwpr.net/?p=tri&s=f&o=333968&apc_state=henitri200703 (Abruf am 23.10.2007).

Traynor, Ian (2002): Afghans are still dying as air strikes go on. But no one is counting, in: The Guardian, 12.02.2002; http://www.guardian.co.uk/afghanistan/story/0,1284,648784,00.html (Abruf am 20.05.2008).

Troebst, Stefan(1998): Conflict in Kosovo: Failure of Prevention? An Analytical Documentation, 1992-1998 (ECMI Working Paper, Bd. 1) Flensburg. http://www.ecmi.de/download/working_paper_1.pdf (Abruf am 04.10.2007).

Troebst, Strefan (1999): Chronologie einer gescheiterten Prävention. Vom Konflikt zum Krieg im Kosovo, 1989-1999, in: Osteuropa, Bd. 49, Nr. 8, S. 777-795.

Tuschhoff, Christian (2005): Die Folgen der NATO-Reformen, in: Jäger, Thomas/Höse, Alexander/Oppermann, Kai (Hrsg.): Transatlantische Beziehungen. Sicherheit – Wirtschaft – Öffentlichkeit, Wiesbaden.

United Nations (UN; 1991): Resolution 688; http://daccessdds.un.org/doc/RESOLUTION/GEN/NR0/596/24/IMG/NR059624 .pdf?OpenElement (20.05.2008).

United Nations (UN; 1998a): Resolution 1199. Adopted by the Security Council at its 3930th meeting, 23.09.1998; http://www.un.org/peace/kosovo/98sc1199.htm (Abruf am 04.10.2007).

United Nations (UN; 1998b): Resolution 1203. Adopted by the Security Council at its 3937th meeting, 24 October 1998; http://www.un.org/peace/kosovo/98sc1203.htm (Abruf am 04.10.2007).

United Nations (UN; 1999): Resolution 1244. Adopted by the Security Council at its 4011th meeting, 10.06.1999; http://daccessdds.un.org/doc/UNDOC/GEN/N99/172/89/PDF/N9917289.pdf?O penElement (Abruf am 20.05.2008).

United Nations (UN; 2002): Immediate and Transitional Assistance Programme for the Afghan People 2002, 21.01.2002.

United Nations Development Programme Iraq (UNDP; 2007): Press Release: One third of Iraqis live in poverty reveals latest UNDP sponsored study, 18. Februar; http://www.iq.undp.org/UploadedFiles/Paragraphs/e0d36a0c-5e6c-43ae-936a-f54ffb5a48ea.pdf (Abruf am 21.05.2008).

United Nations Environment Programme (UNEP; 2001): Study Sounds Alarm about the Disappearance of the Mesopotamian Marshlands, 18.05.2001; http://www.grid.unep.ch/activities/sustainable/tigris/2001_may.php (Abruf am 22.10.2007).

United Nations High Commissioner for Human Rights (UNHCHR; 2004): Report of the United Nations High Commissioner for Human Rights and Follow-Up to the World Conference on Human Rights. The Present Situation of Human Rights in Iraq, 09.06.2004; http://www.ohchr.org/english/about/docs/Iraq-annexes.pdf (Abruf am 23.10.2007).

United Nations High Commissioner for Refugees (UNHCR; 1999): The 1999 Global Report, Genf; http://www.unhcr.org/cgi-bin/texis/vtx/template?page=publ&src=static/gr1999/gr1999toc.htm (Abruf am 04.10.2007).

United Nations High Commissioner for Refugees (UNHCR; 2000): The State of World Refugees 2000. Fifty Years of Humanitarian Action, Genf; http://www.unhcr.org/cgi-bin/texis/vtx/template?page=publ&src=static/sowr2000/toceng.htm (Abruf am 15.10.2007)

United Nations High Commissioner for Refugees (UNHCR; 2005a): Statistical Yearbook 2005. Trends in Displacement, Protection and Solutions, Genf; http://www.unhcr.org/statistics/STATISTICS/464478a72.html (Abruf am 15.10.2007).

United Nations High Commissioner for Refugees (UNHCR; 2005b): Displacement and return of Afghan refugees and IDPs, 2002-2004; www.unhcr.org/publ/PUBL/441687da0.pdf (Abruf am 14.11.2007).

United Nations High Commissioner for Refugees (UNHCR; 2006): UNHCR Return Advisory and Position on international Protection Needs of Iraqis outside Iraq, 16.12.2006; http://www.unhcr.org/cgi-bin/texis/vtx/home/opendoc.pdf?tbl=SUBSITES&id=45a252d92 (Abruf am 23.10.2007).

United Nations High Commissioner for Refugees (UNHCR; 2007a): Statistical Overview of Returned Afghan Refugees from Pakistan, Iran and Other Countries, IDPs Caseload and Movements and Reintegration Activities, Mar 2002 – 28 Feb 2007, Branch Office Kabul Operational Information Summary Report Update March 02 – Feb 07, Kabul; http://www.reliefweb.int/rw/rwb.nsf/db900sid/SODA-72658V?OpenDocument (Abruf am 20.05.2008).

United Nations High Commissioner for Refugees (UNHCR; 2007b): 2006 Global Trends: Refugees, Asylum-seekers, Returnees, Internally Displaced and Stateless Persons, Juni; http://www.unhcr.org/statistics/STATISTICS/4676a71d4.pdf (Abruf am 15.10.2007).

United Nations High Commissioner for Refugees (UNHCR; 2007c): Addressing the Humanitarian Needs of Refugees and Internally Displaced Persons inside Iraq and in Neighbouring Countries, 30.03.2007; http://www.humanitarianinfo.org/iasc/content/documents/weekly/20070411-1286/UNHCR%20Paper.%20Humanitarian%20needs%20of%20persons%20dis placed%20within%20Iraq%20and%20across%20the%20countrys%20borders.%20An%20international%20response.pdf (Abruf am 23.10.2007).

United Nations High Commissioner for Refugees (UNHCR; 2007d): Iraq: Situation continues to worsen, local governorates overwhelmed; UNHCR Briefing Note, 05.06.2007; http://www.unhcr.org/cgi-bin/texis/vtx/iraq?page=briefing&id=46653e804 (Abruf am 23.10.2007).

United Nations High Commissioner for Refugees (UNHCR; 2007e): Strategy for the Iraq Situation, 01.01.2007; http://www.unhcr.org/cgi-bin/texis/vtx/home/opendoc.pdf?tbl=SUBSITES&id=45c30eee2 (Abruf am 23.10.2007).

United Nations High Commissioner for Refugees (UNHCR; 2007f): Irak: Zahl der Vertriebenen wächst auf 4,2 Millionen, 06.06.2007; http://www.unhcr.de/aktuell/einzelansicht/browse/3/article/32/irak-zahl-der-vertriebenen-waechst-auf-42-millionen.html (Abruf am 13. Mai 2008).

United Nations High Commissioner for Refugees (UNHCR; 2008): Asylum Levels and Trends in Industrialized Countries, 2007; http://www.unhcr.org/statistics/STATISTICS/47daae862.pdf (Abruf am 13.05.2008).

United Nations Mission in Kosovo Media Monitorings (UNMM; 2005a): UNMM Daily International News Clippings, 16.02.2005.

United Nations Mission in Kosovo Media Monitorings (UNMM; 2005b): UNMM Main Stories, 02.04.2005.

United Nations Office on Drug and Crime (UNODC; 2005): Afghanistan Drug Use Survey, November; http://www.unodc.org/afg/drug_use.html (Abruf am 15.10.2007).

United Nations Office on Drug and Crime (UNODC; 2007): Afghanistan Opium Survey 2007. Executive Summary, Kabul/Wien; http://www.unodc.org/pdf/research/AFG07_ExSum_web.pdf (Abruf am 15.10.2007).

United Nations Office on Drug and Crime (UNODC; 2008a): Afghanistan Winter Rapid Assessment Survey; http://www.unodc.org/documents/crop-monitoring/Afghan-winter-survey-Feb08-short.pdf (Abruf am 14.05.2008).

United Nations Office on Drug and Crime (UNODC; 2008b): Illicit Drug Trends in Afghanistan; http://www.unodc.org/documents/regional/centralasia/Illicit%20Drug%20Trends%20Report_Afghanistan.pdf (Abruf am 13.05.2008).

United Nations Office on Drug and Crime (UNODC; 2008c): Annual Report 2008, covering activities in 2007; http://www.unodc.org/documents/about-unodc/AR08_WEB.pdf (Abruf am 14.05.2008).

United Nations Population Division (2005): World Urbanization Prospects. The 2005 Revision Population Database, Country Profile; http://esa.un.org/unup/index.asp?panel=3 (Abruf am 15.10.2007).

United Nations Population Division (2006): World Population Prospects. The 2006 Revision Population Database; http://esa.un.org/unpp/ (Abruf am 15.10.2007).

U.S. Committee for Refugees and Immigrants (USCRI; 2003): World Refugee Survey 2003; http://www.refugees.org/article.aspx?id=1565&subm=19&ssm=29&area=Investigate& (Abruf am 15.10.2007).

U.S. Committee for Refugees and Immigrants (USCRI; 2005): World Refugee Survey 2005;

http://www.refugees.org/article.aspx?id=1342&subm=19&ssm=29&area=Invest igate (Abruf am 15.10.2007).

U.S. Committee for Refugees and Immigrants (USCRI; 2006): World Refugee Survey 2006; http://www.refugees.org/article.aspx?id=1565&subm=19&ssm=29&area=Invest igate& (Abruf am 15.10.2007).

Verney, Marie-Helen (2004): Die Faili-Kurden. Vertreibung. Ein erzwungener Fußmarsch und der Verlust der Staatsangehörigkeit, in: Flüchtlinge, Nr. 1, S. 11-13.

Vestring, Bettina (1999): Wiederaufbau wird zwischen 3,6 und 6,3 Milliarden Mark kosten, in: Berliner Zeitung vom 11.05.1999, S. 5; http://www.berlinonline.de/berliner-zeitung/archiv/.bin/dump.fcgi/1999/0511/politik/0067/index.html (Abruf am 15.10.2007).

Wagner, Christian (2007): Außenpolitik Pakistans zwischen Kaschmir und Afghanistan, in: Aus Politik und Zeitgeschichte, Heft 39, S. 32-29.

Weaver, Matt (2006): Warning over spiralling Iraq refugee crisis, in: The Guardian, 07.12.2006; http://www.guardian.co.uk/Iraq/Story/0,,1966333,00.html (Abruf am 14.11.2007).

Weller, Marc (1999a) The Crisis in Kosovo 1989-1999. From the Dissolution of Yugoslavia to Rambouillet and the Outbreak of Hostilities, Cambridge (International Documents and Analysis, Bd. 1).

Weller, Marc (1999b): The Rambouillet Conference on Kosovo, in: International Affairs, Bd. 75, Nr. 2, S. 211-251.

Welt Online (2007a): Prozess gegen früheren Kosovo-Regierungschef, 05.03.2007; http://www.welt.de/politik/article746849/Prozess_gegen_frueheren_Kosovo-Regierungschef.html (Abruf am 23.10.2007).

Wengert, Gabriela/ Alfaro, Michelle (2006): Can Palestinian Refugees in Iraq Find Protection?, in: Forced Migration Review, Nr. 26, S.19-21.

Wilder, Andrew (2005): A House Divided? Analysing the 2005 Afghan Elections, Afghanistan Research and Evaluation Unit, Dezember; http://www.areu.org.af/index.php?option=com_docman&Itemid=&task=doc_do wnload&gid=254 (Abruf am 15.10.2007).

Wilke, Boris (2004): Staatsbildung in Afghanistan? Zwischenbilanz der internationalen Präsenz am Hindukusch, Berlin: Stiftung Wissenschaft und Politik (SWP-Studie S 30, August).

Williams, Daniel (1999): Brutal Conditions Enveloping Kosovo, Washington Post vom 27.03.1999, S. A1.

Younes, Kristele (2007): Testimony to House Subcommittee on Violence and Displacement in Iraq, Refugees International 26.03.2007; http://www.refugeesinternational.org/content/article/detail/9925/ (Abruf am 14.11.2007).

Zumach, Andreas (1999): Rambouillet oder die allerletzte Chance, in: FriedensForum, Nr. 3; http://www.friedenskooperative.de/ff/ff99/3-27.htm (Abruf am 04.10.2007).

Strategische Kultur Europas

Herausgegeben von August Pradetto

Band 1 August Pradetto (Hrsg.): Sicherheit und Verteidigung nach dem 11. September 2001. Akteure – Strategien – Handlungsmuster. 2004.

Band 2 August Pradetto (Hrsg.): Die zweite Runde der NATO-Osterweiterung. Zwischen postbipolarem Institutionalismus und offensivem Realismus. 2004.

Band 3 August Pradetto / Carola Weckmüller: Präsidenten in postkommunistischen Ländern. Ein Handbuch. 2004.

Band 4 Peter Schubert: Albanische Identitätssuche im Spannungsfeld zwischen nationaler Eigenstaatlichkeit und europäischer Integration. 2005.

Band 5 August Pradetto: Intervention, Regimewechsel, erzwungene Migration. Die Fälle Kosovo, Afghanistan und Irak. 2008.

www.peterlang.de

Andrea K. Riemer

Petroimperialismus und Freiheit?

Die Irak-Intervention aus geoökonomischer Sicht der USA im Kontext der amerikanischen Außenpolitik

Frankfurt am Main, Berlin, Bern, Bruxelles, New York, Oxford, Wien, 2008.
145 S.
International Security Studies. Herausgegeben von Andrea K. Riemer. Bd. 7
ISBN 978-3-631-57084-5 · br. € 34.–*

Kaum eine Intervention der USA wurde derart heftig diskutiert wie die Intervention im Irak im Jahr 2003. Die Schaffung des Interventionsprätextes mit Informationen, die sich im Nachhinein als manipuliert herausstellten, die Planung des Feldzuges, welche die diametral entgegengesetzten Positionen zwischen hohen Vertretern der Streitkräfte und politischen Entscheidungsträgern deutlich machte, die Durchführung des Feldzuges und die desaströse Bewältigung der Phase des Nation Building brachten die USA und ihre gesellschaftlich-politischen Eliten in eine Situation, die sich noch am ehesten mit jener nach dem Vietnamkrieg vergleichen lässt. In diesem Buch wird die Irak-Intervention von 2003 in den gesamtstrategischen Kontext der amerikanischen Außenpolitik eingebettet und aus ausschließlich amerikanischer Sicht analysiert und bewertet. Dabei wird besonders zwischen „root causes" und „surface causes" unterschieden. Zudem werden Optionen für weitere Gestaltungsmöglichkeiten der Region dargelegt. Die Arbeit beruht ausschließlich auf offenen Quellen von Administrationsdokumenten und Sekundärliteratur. Ziel war eine mehrdimensionale Darstellung der Intervention sowohl aus geostrategischer als auch aus geoökonomischer Sicht.

Aus dem Inhalt: Dauerhafte Parameter der amerikanischen Außenpolitik · Grundlegende Gedanken zur Energiepolitik der USA · Geoökonomische Betrachtung in der amerikanischen Grand Strategy · Die Region des Broader / Greater Middle East · Die Rolle von Öl und Gas am Weltenergiemarkt · Die USA und ihr Öl- und Gasbedarf · Die Broader Middle and North Africa Initiative

Frankfurt am Main · Berlin · Bern · Bruxelles · New York · Oxford · Wien
Auslieferung: Verlag Peter Lang AG
Moosstr. 1, CH-2542 Pieterlen
Telefax 00 41 (0) 32 / 376 17 27

*inklusive der in Deutschland gültigen Mehrwertsteuer
Preisänderungen vorbehalten

Homepage http://www.peterlang.de